# 高效对话

曾 杰◎著

如何说,别人才肯听
如何听,别人才肯说

江西人民出版社
Jiangxi People's Publishing House
全国百佳出版社

**图书在版编目（CIP）数据**

高效对话 / 曾杰著. -- 南昌 ： 江西人民出版社，
2017.8（2019.3重印）
ISBN 978-7-210-09589-7

Ⅰ．①高… Ⅱ．①曾… Ⅲ．①语言艺术－通俗读物
Ⅳ．①H019-49

中国版本图书馆CIP数据核字(2017)第166596号

# 高效对话

曾杰 / 著

责任编辑 / 冯雪松　温发权

出版发行 / 江西人民出版社

印刷 / 大厂回族自治县彩虹印刷有限公司

版次 / 2017年8月第1版

2019年3月第5次印刷

710毫米×1000毫米　1/16　15印张

字数 / 228千字

ISBN 978-7-210-09589-7

定价 / 39.00元

赣版权登字-01-2017-554

如有质量问题，请寄回印厂调换。联系电话：0316-8863998

## 让沟通变得更酣畅淋漓

历史的进步始于沟通。若非如此，人类不可能学会协作生产，很多科学技术与文化艺术成果就不会出现。随着科技的进步，我们的活动半径越来越大，沟通媒介也越来越多。只要能收到手机和网络信号，住在不同半球的人们几乎可以在 24 小时内保持不间断的联络。然而，这并不意味着我们的沟通效率比互联网诞生前的祖辈更高。甚至可以说，我们因为思维与注意力日益碎片化反而变得更容易出现沟通障碍。

很多人在面对社交媒体上一长串的好友名单时，经常会感觉自己跟别人无话可聊，发起对话后也经常陷入"鸡同鸭讲"的沟通困境，说不到一块儿去，很难充分做到相互理解。

相对而言，现代人的独立自主意识更强，也更加以自我为中心。这对人与人之间的沟通既有积极影响，也有消极影响。现代人表达欲望更强烈，这有利于信息的传播。但他们中的有些人只希望对方听自己讲，而不愿意听对方的感受，并觉得别人顺着自己是理所应当的事。这种不能平等待人的态度，也是对话效率低于双方预期的重要原因。

沟通是一件让人欢喜让人忧的事。高效沟通能让我们左右逢源、如鱼得水，不畅的沟通则会令我们对生活越来越悲观失望。我们每天说出的话很多，被对方完全听进去的却很少。为了实现某个目的，我们试图说服别人支持自己，却在耗费大量时间、精力后陷入无休止的扯皮中。

　　美国斯坦福大学沟通力与领导力讲座教授、美国 Stand & Deliver 咨询集团创始人兼董事长彼得·迈尔斯教授指出："只有自己足够杰出，你的声音才能在一片嘈杂中脱颖而出。要想突破喋喋不休，你需要一点策略——我们称之为高效沟通策略。你可以这样想：高效沟通才能得到你想要的结果，而其他的一切沟通仅是说话而已。高效沟通就是对有疑义的地方进行厘清，就是在听众跟不上你的沟通思路时创造关联，最重要的是，激励人们完成他们认为不可能完成的事情。"

　　从这个意义上说，高效沟通就是高效对话，把存在疑问的地方解释清楚，让对方能听明白你的想法并知道怎样配合你的想法，同时你也弄清对方的意思并给出合理的回应。双方通过对话来消除误解，最终达成共识，这就是高效沟通的意义所在。

　　沟通本来就是一件美好的事情，是开启心灵之门的钥匙，是点燃智慧之光的火种。提高对话效率非一朝一夕之功，不是在互联网上抄几个段子就能打开局面的。我们在日常对话中有很多不良习惯，导致沟通效率不尽如人意。假如能克服这些毛病，我们将获得更加清晰的思路与更让人明白易懂的表述方式。

　　本书系统地梳理了那些阻碍沟通的不良习惯，并根据不同的对象、场合来提供各种促进高效对话的技巧。一切都是为了让我们能更好地与他人进行友好交流。

# 第一章 是什么降低了你的沟通效率

# 第二章 想跟沟通对象聊得投机，先要选对语风

## 第三章 对话场合特点决定沟通的重心

## 第四章 思路理不清，对话讲不明

## 第五章 不懂引导话题，谁都不肯跟你对话

## 第六章 让对方更容易听懂的三点式表达

## 第七章 你的措辞决定对话氛围的冷热

## 第八章 学会倾听反馈意见，沟通效率成倍翻

## 第九章 双方相互猜疑多半是因为你缺乏有效提问

## 第十章 高效对话依赖节奏感，情绪收放也要讲方法

# 第十一章 把握"关键对话"，突破最棘手的沟通障碍

# 第十二章　比直接争辩更能促成共识的沟通技巧

# 是什么降低了你的沟通效率

　　如今，社交媒体越来越发达，表达自己声音的渠道越来越多。然而，大家并没有觉得沟通效率提高了，反而有所下降。明明想把自己的意思充分表达给对方，可是他们就是无法搞清楚你的意思，这让对话难以进行下去。生活中有很多问题和悲剧的产生原因都可以归为沟通不畅。对同一个人表达同样的意思，你跟他说的话，他总是云里雾里，别人说的时候，他就茅塞顿开。这很可能是你自身的原因在作怪。

　　假如你思路缺乏逻辑性和条理性，说话说不到点子上，沟通效率就会降低。假如你说话不注意场合，就会让对方因尴尬而拒绝跟你继续交流。假如你只顾自说自话，别人也没法跟你正常交流。假如你跟不上别人的节奏，很容易造成冷场。此外，触犯沟通禁忌同样会降低对话效率。想要让对话变得更有效，我们首先要诊断出自己存在的问题属于哪一种情况。

# 头脑不清晰，说话词不达意

在沟通过程中，只要有一方说话词不达意，另一方就很难保持继续交流的愿望。表达能力糟糕的本质是思路不清晰。你能解释清楚自己什么地方没想清楚吗？

日本经营战略咨询专家、沟通专家八幡纰芦史先生认为，我们说服对方通常需要经过以下三个步骤：

1. 感情的步骤——至少让对方在感情上对你持有中立态度，而不是抵触情绪。

2. 逻辑的步骤——让对方好好理解你的逻辑，把你说话的重点传入他的内心。

3. 利益的步骤——让他觉得你说的内容与他有明确的利益关系，有采取行动的必要。

大家在对话过程中都会经过这三个步骤，但由于每个人的性格存在差异，又衍生出了以下三种不同类型的沟通对象：

1. 感情优先型人——他们听不听你的意见取决于当时的心情如何，对逻辑和利益没那么看重。

2. 逻辑优先型人——无论情绪和利益如何，他们更在乎你的话是否符合逻辑。

3. 利益优先型人 —— 只要与自己的利益无关，无论怎样都不愿意接受你的意见。

在生活中，那些词不达意的人总是卡在"逻辑的步骤"上，头脑没有理清思路，语言组织得毫无逻辑，发言显得杂乱无章。假如他们碰巧遇上的沟通对象是逻辑优先型人，就容易被对方厌烦，从而无法顺利进行沟通。通过下面这一组例子，我们不难发现问题所在。

**欠佳的表达：**"××是个只会吹牛和卖弄的大白痴，这就是事实，不信你可以去问问大家是怎样看待他的。"

**正确的表达：**"××平时比其他人更喜欢展现自己，说话有时候比较夸张。"

有些人以为，只要准备一下自己想说的内容就万事大吉了。尽管准备对话内容是至关重要的，但忽略其他影响对话的因素将让你在现实面前碰得头破血流。因为，完整的对话包含五个元素：观点、听众、声音、目的、组织语言。如果只顾自己想表达的观点，而忽略其他四个因素，高效对话是不可能实现的。

以听众为例，美国普林斯顿大学修辞和劝说学博士后、美国培训讲师乔治·汤普森博士指出："我可不会尝试去训练人们根据全世界不同的习俗去对待不同的人。那基本上是不可能的事情。你会很开心地知道，我有一种简单得多的办法去有效地对待所有人。那就是，世界上只有三种基本类型的人，每种人用不同的方式搞定就好了。这三种人涵盖了所有的文化、民族、国家、年龄和性别。他们分别是好好先生、难搞定的人和菷儿坏的人。"

对于这三种不同基本类型的人，我们就算使用同一个观点，也必然要用不同的语言风格来开展对话。如果不能很好地把握听众的特点，你的思路就不可能有针对性，说话也不可能说到点子上。若是如此，高效对话就成了一个笑话。

» 沟通问题的自我检查 » » » » » » » » » » » » » » »

在下表中选择你认为符合自身情况的描述，在其前面的括号里打"√"，每空1分，最高5分，最低0分。得分越高，说明你需要改进的细节越多；反之，则说明你有比较良好的沟通习惯。

| （  ） | 1. 平时说话想到什么就说什么，也不在意这一句话跟前一句话的内容有没有直接关系。 |
|---|---|
| （  ） | 2. 不知道该怎样表达自己的想法，经常把对方搞得一头雾水。 |
| （  ） | 3. 朋友经常指出自己说的话存在前后矛盾的现象，但自己并没感觉到。 |
| （  ） | 4. 时常因为表达不清而激怒朋友，但他们真的误会自己的本意了。 |
| （  ） | 5. 总是被别人批评用词不当，特别是把贬义词用作褒义。 |

◎ 场景练习

A 先生是一名保险业务员。现在有一位老年客户向 A 先生求助，想帮全家三代人买保险。但他年纪大了，记性不好，说话颠三倒四，经常讲了前面忘了后面，无法把家人的情况和需要解释清楚。半个小时过去了，沟通依然没有进展。现在由你来扮演这两个角色。

假如我是 A 先生，会这样引导客户：＿＿＿＿＿＿＿＿＿＿＿＿＿

＿＿＿＿＿＿＿＿＿＿＿＿＿＿＿＿＿＿＿＿＿＿＿＿＿＿＿＿＿＿

假如我是记性不好的老年客户，会这样说：＿＿＿＿＿＿＿＿＿＿

＿＿＿＿＿＿＿＿＿＿＿＿＿＿＿＿＿＿＿＿＿＿＿＿＿＿＿＿＿＿

## 说话不看场合，让对方陷入尴尬

人们在不同的场合里有着不一样的约定俗成的沟通习惯。假如发言的时候不看场合，沟通对象就没法保持好心情跟你对话了。为什么有些人开口前总是不看气氛呢？

我们小时候大概都有被长辈制止发言的经历，多半是因为童言无忌，说了在相关场合中令人尴尬的话。随着年龄的增长，我们会越来越注意控制自己的发言，以免出现不看场合说话的错误。最基本的经验是：在严肃的正式场合不嬉皮笑脸、哗众取宠，在轻松的场合则不能过分拘谨严肃。但很多人就算长大了也并没做到这一点，时常在沟通过程中制造麻烦。

你随时随地可以感受到，并不是每一个人脑子里都绷着那根名为"话不能乱说"的弦。有些人不擅长看气氛，只顾自己表达得痛快，完全没考虑听者的感受。就算你悄悄提醒他们"这时候不适合说这种话"，他们的反应却是"要什么紧，我又没说错"。这类人如果碰上脾气暴躁、内心敏感的沟通对象，说不定还会引发肢体冲突。

说话高手未必个个都是口若悬河之辈，也可能寡言惜字，但一定是观察气氛的高手。他们不仅知道什么场合该说什么话，还时时刻刻留意沟通对象的反应。只要对方稍微面露尴尬，说话高手就会立即调整自己的措辞，让听者重新回归舒适安心的状态。

欠佳的表达："你这个蠢货根本什么都不懂。牛教三遍都会了，你居然还不会。我跟你解释不清楚。"

正确的表达："这可能有点不太好理解，但我希望自己能够把这个问题给你解释清楚。"

无论你多么小心谨慎，都有可能因一时疏忽而说了不得体的话。如果处置不当，沟通会马上失败。真诚地道歉是必需的，但也要讲究技巧。

美国沟通专家要求人们在道歉时先消除自己的消极情绪，展现自己积极改正的态度。日本沟通专家则根据这个原理总结出了"三回合道歉法"：第一回合是先诚恳地为自己的过失致歉，旗帜鲜明地展现你知错就改的态度。第二回合是主动描述对方遭受的损失或伤害，描述得越细越好。因为这样他们才能确认你的"对不起"并不是嘴巴上随便说说，而是心里确实认识到了错误。最后一个回合是把你犯错的原因与补救措施好好说给对方听。如此一来，对方就会逐渐消气，重新接受你了。

## » 沟通问题的自我检查 » » » » » » » » » » » » » » » »

在下表中选择你认为符合自身情况的描述，在其前面的括号里打"√"，每空1分，最高5分，最低0分。得分越高，说明你需要改进的细节越多；反之，则说明你有比较良好的沟通习惯。

| （ ） | 1. 觉得跟熟人说话随意就好，不需要特别注意什么。 |
| --- | --- |
| （ ） | 2. 在正式场合随便喊别人私底下的昵称或者小名。 |
| （ ） | 3. 在应该态度严肃的场合嘻嘻哈哈、哗众取宠。 |
| （ ） | 4. 在各方关系紧张的氛围下说一些火上浇油的话。 |
| （ ） | 5. 在轻松愉快的非正式场合谈起令人感到沉重压抑的话题。 |

◎ 场景练习

　　B先生和朋友们去参加一次宴会，恰好遇到一位多年未见的老同学。这位老同学当年有个外号叫"大嘴"，说话经常不过脑子。他一不留神当众喊出了B先生以前的外号，让人瞠目结舌，气氛顿时变得尴尬。

假如我是B先生，会这样化解尴尬：＿＿＿＿＿＿＿＿＿＿＿＿＿＿＿＿＿＿

＿＿＿＿＿＿＿＿＿＿＿＿＿＿＿＿＿＿＿＿＿＿＿＿＿＿＿＿＿＿＿＿＿＿＿＿

假如我是老同学，会这样补救过失：＿＿＿＿＿＿＿＿＿＿＿＿＿＿＿＿＿＿

＿＿＿＿＿＿＿＿＿＿＿＿＿＿＿＿＿＿＿＿＿＿＿＿＿＿＿＿＿＿＿＿＿＿＿＿

## 不懂倾听，总是打断别人的发言

每个人都有表达的愿望，如果只顾各说各的，根本无法进行沟通。总是打断别人的发言，等于剥夺了对方的话语权。你意识到这一点了吗？

完全由一方来说，另一方只是听着，那叫灌输而不叫对话。如果没有你来我往的交流，"对话"是名不副实的。但在实际的沟通过程中，很多人并不注意这点，总是试图增加自己的说话时间，压缩对方的发言机会。尽管这不是有意识地较劲，但无疑会影响对话的效率。

当你说得兴致勃勃的时候，如果有人突然插嘴打断你的发言，你或多或少会感到不悦，特别是你记性不怎么好的时候。对方插完嘴后看似礼貌地请你继续说，但你的思路已经被打断了，一瞬间连不回去。假如对方是个急性子，看你不能马上继续发言，就会趁机抢走你的说话机会。最可气的是，这类人在事后会跟别人说你"不爱说话"。

只有一方能充分表达自己的真实意思，另一方的声音被彻底掩盖，毫无疑问，这是一种低效对话。真正的高效对话，必然建立在各方都能充分表达意见的基础上。而胡乱打断别人发言的坏习惯，是降低沟通效率的一大公害。

欠佳的表达："我打断一下……我说完了，您继续说。"

正确的表达："抱歉，刚才我没听明白，您刚才好像说到了……懂了，您继续说。"

从根本上说，喜欢打断他人发言的人，都有不同程度的自我膨胀心态。他们只想着满足自己畅所欲言的快感，潜意识里认为别人的话可有可无。他们完全不知道自己已经挡住交流的大门，还觉得是别人不好沟通。

乔治·汤普森博士说："最伟大的销售人员懂得倾听自己的顾客，很快就能和他们产生互动，并且他们能选择使用最准确的词语来有效地画出一幅全局画面，这有时可能需要你用情绪化的方式，有时是形象化的方式。要想高效地代表一个人或者任何组织说出他们的心声，你必须摆脱掉自己，进入对方的世界。"

想要做到这点，我们得像穿上对方的鞋子走路那样，认真体会那些被插嘴的人的感受，体会他们被剥夺说话机会的痛楚。否则，尊重对方发言权的意识就很难真正树立起来。

» 沟通问题的自我检查 » » » » » » » » » » » » » » » »

在下表中选择你认为符合自身情况的描述，在其前面的括号里打"√"，每空1分，最高5分，最低0分。得分越高，说明你需要改进的细节越多；反之，则说明你有比较良好的沟通习惯。

| ( ) | 1. 想起一个问题时，会不假思索地打断别人的讲话。 |
| --- | --- |
| ( ) | 2. 打断别人时很有礼貌，不明白对方为什么要生气。 |
| ( ) | 3. 知道对方想说什么，所以总是打断他们发言，直接转入下一个话题。 |
| ( ) | 4. 别人若耐心听自己说，自己会很高兴，但自己没耐心听别人唠叨。 |
| ( ) | 5. 总觉得别人不像自己那么健谈，直到有人指出自己总是剥夺他们的发言机会。 |

◎ 场景练习

D 女士健谈且说话像连珠炮似的。这一天，她跟一位客户洽谈业务，多次打断对方的发言。客户终于忍无可忍，直接不顾礼节地拂袖而去。

假如我是 D 女士，会这样挽留客户：_____

_____

假如我是客户，会这样提醒 D 女士：_____

_____

## 不知道怎么接话，导致冷场

在对话过程中最尴尬的情景就是冷场，双方不知该如何接对方的话，无法继续进行交流。毫不夸张地说，冷场对沟通效率的破坏是最强的。为什么会冷场呢？

只要有一方始终沉默不语，对话就不会产生。而交流到一半时突然冷场的情况，也经常让对话半途而废。冷场的直接原因可能是沟通者厌倦了对话，也可能是他们一时不知该怎么回答，还可能是他们在等对方先开口。但从根本上讲，冷场更多是源于我们对说话后果的恐惧。

美国神经科学家在研究中发现，人每天大约会产生 6 万个想法，但其中 80% 的是消极想法。换句话说，我们每隔一小时就会冒出 1920 个消极想法，恐惧感随时可能涌上心头。

在对话中，我们决定是否坦率直言的依据就是对说话后果的判断。假如判断是有利的好结果，最沉默寡言的人也会比平时健谈。反之，最开朗健谈的人照样会为了避免不利后果而三缄其口。毫不夸张地说，大多数冷场现象是因为沟通双方都担心说错话的后果所致。

欠佳的表达："这个……那个……咱们说点什么好呢？"

正确的表达："……这两天有件事在网上炒得很热，不知你听说了没？"

其实，不知道怎么接话更多的是心态问题。你宁可选择冷场也不愿试着面对它，说白了，就是想逃避。假如你有直面问题的决心，总能找到新的话题来说。

正如乔治·汤普森博士在《柔软对话》一书中所说："在语言柔道中，无视一个问题等同于抗拒这个问题。即使对方提出一个讨厌的问题，也不要去回避它，而是尽可能地去理论，并且找出解决办法。当有人问'为什么'的时候，永远记得要回答，不要将其拒之门外。你需要做的，是将这些问题视为良机和邀请，利用它好好地解释清楚情况，告知对方你这样做的理由，让他能从你的角度看到问题。你可以利用这次机会去教育一个人，得到他的尊重，让他对这个问题的理解更深一层，这样他就不会在理亏的时候还怨怒满腹。"

» 沟通问题的自我检查 » » » » » » » » » » » » » » » »

在下表中选择你认为符合自身情况的描述，在其前面的括号里打"√"，每空1分，最高5分，最低0分。得分越高，说明你需要改进的细节越多；反之，则说明你有比较良好的沟通习惯。

| （　） | 1. 当别人抛出一个自己不熟悉的话题时，不知道该如何回应。 |
|---|---|
| （　） | 2. 当别人提到令自己感到尴尬的话题时，不知道该怎样转移话题。 |
| （　） | 3. 觉得对方谈论的内容枯燥无趣，完全没有回答的兴趣。 |
| （　） | 4. 一旦对方陷入沉默，自己也不知道该说点什么。 |
| （　） | 5. 出现冷场的时候，无论多么煎熬，都会等对方先开口。 |

◎ 场景练习

E记者去拜访一位以思维天马行空著称的艺术家。艺术家兴致勃勃地大谈自己的艺术理念，但E记者不太懂这方面的知识，不知该怎么接话。于是双方的交谈很快就冷了下来。

假如我是 E 记者，会这样接话：_____
_____

假如我是艺术家，会这样调整对话：_____
_____

## 第二章

## 想跟沟通对象聊得投机，先要选对语风

　　每个人的兴趣爱好、人生阅历、知识储备、价值观都大相径庭，思维方式与谈吐风格自然也不尽相同。有的人非常健谈，简直是话痨；有的人则惜字如金，能用一个字说清楚的东西绝不用两个字；有的人谨慎严谨，说话条理清晰并注意控制分寸；有的人诙谐幽默，喜欢调动对方的喜悦情绪。人们的语风千变万化，构成了多姿多彩的世界。但大家在对话时往往倾向于跟自己语风接近的人沟通，相对排斥那些语风差异过大的人。

　　两个人想要聊得来并不容易。且不说能否找到彼此都感兴趣的话题，就算大家对同一事物都有讨论的冲动，交流活动也可能因为语风差异过大而变得索然无味。因为，同样的信息用不同的语风来表述会产生不一样的效果。假如那个效果恰好是你喜欢的，对话就能变得畅通无阻；假如那个效果不是你喜欢的，双方就很难做到相互理解。所以，想要跟对方聊得投机，首先要选择让对方听起来最舒服的语风。

## 跟开朗健谈者对话，以抓住重点为宜

通常而言，跟性格外向开朗的人交谈比较轻松。他们往往很健谈，能聊很多事情，但也容易让你在不知不觉中偏离最初话题。怎样才能在享受畅所欲言的快乐的同时，避免离题十万八千里呢？

愉快的对话会令人感到放松，这一放松就可能放飞自我，对交谈内容的控制力也会无限下降。假如沟通对象是开朗健谈的类型，就更容易出现这种情况。到头来，双方聊了个痛快，但想讨论清楚的关键问题反而被忘到了一边。

彼得·迈尔斯教授曾经对斯坦福大学的师生讲："我们希望把自己知道的一切都告诉听众，因此经常没有说清楚要点。不知道要点是什么，我们就可能在演讲时喋喋不休。这就产生了糟糕的演讲让人反感的第三个核心问题——没有要点。"

发言没有要点是导致沟通效率低下的一个重要原因。要点在对话中的作用好比是路标，司机在没有路标的路段容易跑错道，沟通者在没有重点的对话中容易偏题。所以，我们在跟开朗健谈者对话的时候不能被他们带着走，信马由缰地说到哪里是哪里。必须牢牢记住自己想表达的要点，并在对方有跑题的征兆时趁早将其拉回来。不这样做的话，对话效率是高不起来的。

欠佳的表达："最近热播的那部电影你知道吗？男主角犯法入狱了，剧本还是抄了××的小说，女主角演技不好，连台词都懒得背，但观众就喜欢这种'傻白甜'。"

正确的表达："最近热播的那部电影你知道吗？又是叫座不叫好。"

应该选择什么样的内容来充当我们对话的要点呢？彼得·迈尔斯教授建议道："你的要点就是你要传达的信息，将其用容易记住的一个短语或句子表达出来。如果每个人都能做到这一点，我们每个星期都能节省很多时间。这不是简化你的谈话，而只是将你的想法进行提炼和说明，使之成为一个简单的关键要点的过程，就像经过长距离飞行的肩头一样，它最终会射向一个中心点。"

我们对于要点的描述，不需要多么悦耳动听，只要清晰易记即可。你应该养成在开口前用脑子提炼要点的习惯，并且使用最直接且最有力的语言去表达你的要点。你一定要练到能够简洁明快地回答"你的要点是什么"之类的问题，这样才能让沟通对象搞清楚你最希望表达的信息。

» 沟通问题的自我检查 » » » » » » » » » » » » » » » » »

在下表中选择你认为符合自身情况的描述，在其前面的括号里打"√"，每空1分，最高5分，最低0分。得分越高，说明你需要改进的细节越多；反之，则说明你有比较良好的沟通习惯。

| ( ) | 1. 对方口若悬河，自己找不到机会插话，完全被牵着鼻子走。 |
| --- | --- |
| ( ) | 2. 对方的发言越扯越远，经常歪到别的话题上，但自己没法把他拉回原题。 |
| ( ) | 3. 感觉对方有些啰唆，但又不知道该怎样让他减少重复累赘的表述。 |
| ( ) | 4. 自己说话总是想到哪里就说到哪里，双方谈天说地最后离题十万八千里。 |
| ( ) | 5. 自己发言很容易跑题，对方要多次替自己梳理重点，才能保证沟通不出偏差。 |

◎ 场景练习

A 太太能说会道，可以跟第一次认识的人聊上大半天。有一回，B 警官走访群众，调查线索，结果 A 太太说着说着就扯到别的事情上了。B 警官因此花费了更多时间来跟她沟通。

假如我是 B 警官，会这样引导对话：＿＿＿＿＿＿＿＿＿＿＿＿＿＿＿＿＿＿＿

＿＿＿＿＿＿＿＿＿＿＿＿＿＿＿＿＿＿＿＿＿＿＿＿＿＿＿＿＿＿＿＿＿＿＿＿＿

假如我是 A 太太，会这样讲重点：＿＿＿＿＿＿＿＿＿＿＿＿＿＿＿＿＿＿＿＿

＿＿＿＿＿＿＿＿＿＿＿＿＿＿＿＿＿＿＿＿＿＿＿＿＿＿＿＿＿＿＿＿＿＿＿＿＿

## 跟惜字如金者对话，万万不可废话连篇

沉默寡言的内向性格者往往听多于说，发言时字斟句酌，你必须主动说更多话来确保沟通不中断。但这也可能会让他们感觉很不耐烦。应该如何让他们有足够的兴趣跟你对话呢？

内向性格者总是深藏心事，减少与别人的接触，只向大家展示自己打算展示的一面。这使得周围的人很难搞清楚他们究竟在想什么。假如你的沟通对象是这么一号人物，也不必太担心。尽管外表冷淡，但他们也可能平易近人。不过你得牢记一点：内向性格者比你更喜欢高效对话，因为他们不爱把过多精力浪费在沟通上。这意味着，你必须尽可能地精简要表达的内容，而不能像跟开朗健谈者那样谈天说地。

日本沟通专家斋藤孝指出："对别人传达事情的时候，第一要务就是'有没有说出你想传达的意义'。所谓沟通，基本上就是彼此交换意义。只要意义够明确，对方就能迅速做出回应。所以，最好养成认真检查说话含义的习惯。简单来说，就是自己骂自己'你说的话毫无意义'。假如沟通的目的是'分享彼此的情绪'，那么意义的价值就相对较低了。"

内向性格者几乎只对自己感兴趣且熟悉的内容有表态的欲望，一旦遇到这种情况，可能会像突然变了一个人似的。但在多数情况下，他们不会轻易表露

真实想法，而是静静地听你说，再根据情况决定是附议、反对还是继续沉默。你的客套话、口水话都会被内向性格者自动忽略，他们只会捕捉你的核心意思。如果你太过啰唆，就会被内向性格者讨厌，从而削弱对话效果。

欠佳的表达："我跟你说，你应该学习 ×× 编剧写台词的经验，用两个字就能表达角色的内心活动，用两句话来说效果反而不好。还有另一位著名编剧的台词功力也是相当令人叫绝的……"

正确的表达："台词写简洁点，演员动不动就背长篇大论，会很吃力的。"

为了避免废话连篇，你首先得检查自己的想法，规划好自己的信息处理方式。具体而言就是，把你想要说的话（想法）区分为"数据"和"理解"两个内容。

美国沟通专家约翰·R.斯托克认为："数据就是'可观察到的'或'可证实的'事实或信息——即任何人都可以观察到的事件或情况。数据可能表现为反映实际情况的事实、期望或承诺与实际情况相对比的事实，或者行为与相应结果的事实。"确认了这三种不同的事实后，你就会搞清楚自己是怎样做出现在的解读的。

解读就是我们从可观察到的事实中得出的结论、判断、推测、评价或假想。把数据和解读放在一起，能让你的观点更有说服力。遗憾的是，很多人把自己的解读与数据混为一谈，导致错把想法当成事实。内向性格者在听你唠叨的过程中，也在检查你是否出现了这个问题。假如你没把两者区分开，他会觉得你不可信；假如你只谈解读而不提供数据，他同样不会真正认可你。

» 沟通问题的自我检查 » » » » » » » » » » » » » » » »

在下表中选择你认为符合自身情况的描述，在其前面的括号里打"√"，每空1分，最高5分，最低0分。得分越高，说明你需要改进的细节越多；反之，则说明你有比较良好的沟通习惯。

| | |
|:---:|:---|
| （　） | 1. 别人用一个成语就能说清楚的事，自己往往要用几句话来阐述。 |
| （　） | 2. 因为担心沟通对象不明白，经常会举四五个例子来说明同一个问题。 |
| （　） | 3. 假如别人让自己在三句话以内把事情讲清楚，自己会感到非常棘手。 |
| （　） | 4. 当别人滔滔不绝时，大家听得津津有味；自己滔滔不绝时，大家却嫌唠叨。 |
| （　） | 5. 自己总是担心漏讲了什么信息，以至于不断追加发言。 |

◎ 场景练习

　　C 先生是一位心理医生。这一天，他接待了一位木讷寡言的患者。那位患者惜字如金，能用一个字表达的话就绝不说两个字。而且他像竹筒倒豆子一样，问一句才说一句。这让 C 医生的沟通工作变得棘手。

假如我是 C 医生，会这样跟患者对话：＿＿＿＿＿＿＿＿＿＿＿＿＿＿＿＿
＿＿＿＿＿＿＿＿＿＿＿＿＿＿＿＿＿＿＿＿＿＿＿＿＿＿＿＿＿＿＿＿＿＿

假如我是患者，会这样扼要地说明情况：＿＿＿＿＿＿＿＿＿＿＿＿＿＿
＿＿＿＿＿＿＿＿＿＿＿＿＿＿＿＿＿＿＿＿＿＿＿＿＿＿＿＿＿＿＿＿＿＿

## 跟性情多疑者对话，以建立信任为首要任务

当你被沟通对象质疑的时候，是很难与他们保持高效对话的。他们会怀着重重疑虑跟你交谈，不会轻易相信你的说辞，除非你有充分的情理依据。该怎样让性情多疑的沟通对象对你产生信任呢？

从本质上说，各种社会秩序都建立在信用的基础之上，人与人之间的关系纽带也是以信任为基础的。对话效率的高低在很大程度上取决于沟通双方的相互信任程度。如果双方彼此信任，哪怕有一时分歧，也会积极寻找最大公约数，最终重新达成共识。

我们在生活中经常会遇到性情多疑的沟通对象。他们总是担心你在哪个地方给他们下套子，用怀疑的眼光打量着一切。虽然你嘴上没说，但是内心总觉得他们在小题大做。如果抱有这种心态，你跟对话高手的差距会拉得很大。

乔治·汤普森博士指出："一个人如何看自己，没有别人怎么看他重要。如果观众觉得你的表现乏味至极，那么你就是这样一个乏善可陈的人；如果观众认为你毫无重点，完全不知道自己在说什么，这也就是事实。你是出问题掉链子的那个人。你应该通过自己的表现赢得他们的注意力，但是你没有做到这一点。"

你觉得自己是可以信赖的，但性情多疑者不这么看，这就说明你还有很多需要改进的地方。

欠佳的表达："我们公司的新款不粘锅质量好、价格优惠、美观实用，您看那么多邻居都买了，不来一个吗？"

正确的表达："我们公司新推出的这款不粘锅有个优点，我马上给您现场展示一下。"

其实，性情多疑者愿意跟你交谈，就说明他们想与你达成共识，只是出于习惯而反复质疑。假如他们对你毫无信任感，会直接拒你于千里之外。所以，你需要做的就是去认真分析他们的具体顾虑。

乔治·汤普森博士建议道："如果你事先分析了这些观众是怎样的人，他们可能会想什么，他们的期待是什么，他们会在哪些方面反对，那么在你进入到这个情境的时候，你就会表现得游刃有余，你的仪态和声音会完美融合，你会为了能够满足观众的审美需求而努力。"

《孙子兵法》中说："知己知彼，百战不殆。"高效对话也符合这句军事家的格言。当你充分了解了性情多疑者的顾虑时，就找到了正确的说服方向。然后，你将体验到势如破竹的高效说服过程。

» **沟通问题的自我检查** » » » » » » » » » » » » » » » »

在下表中选择你认为符合自身情况的描述，在其前面的括号里打"√"，每空1分，最高5分，最低0分。得分越高，说明你需要改进的细节越多；反之，则说明你有比较良好的沟通习惯。

| ( ) | 1. 同样的话，自己说的时候对方死活不信，别人说的时候对方就相信。 |
| --- | --- |
| ( ) | 2. 每当对方表示怀疑的时候，自己不太清楚该怎样打消他的疑虑。 |
| ( ) | 3. 无论自己怎么解释，对方总能吹毛求疵地提出新的疑问。 |
| ( ) | 4. 自己想不明白，为什么某些人的言辞比其他人更有说服力。 |
| ( ) | 5. 自己不清楚对方为何心存疑虑，在对话过程中也问不出他的真实想法。 |

◎ 场景练习

　　D 小姐是手机卖场的导购员。一位年逾六旬的老大爷来询问有没有老式的某手机卖。他反复强调自己玩不转高科技，极力排斥 D 小姐推荐的智能手机。

假如我是 D 小姐，会这样打消对方的疑虑：＿＿＿＿＿＿＿＿＿＿＿
＿＿＿＿＿＿＿＿＿＿＿＿＿＿＿＿＿＿＿＿＿＿＿＿＿＿＿＿＿＿＿

假如我是老大爷，会提出这样的拒绝理由：＿＿＿＿＿＿＿＿＿＿＿
＿＿＿＿＿＿＿＿＿＿＿＿＿＿＿＿＿＿＿＿＿＿＿＿＿＿＿＿＿＿＿

## 跟情绪高涨者对话，生动形象可以助兴

人在情绪高涨的时候，更容易接受不同的观点，也更容易产生共鸣。如果能充分利用这个有利条件，就能让对话变得更加愉快。该怎样让对方保持交谈的热情呢？

表达情绪是人的天性。任何理智到冰冷无情的语言，无一例外是某种核心情绪的延伸（比如厌恶、憎恨、忧虑等）。至于那些热情洋溢的发言，则是人们激动之情的真实流露。假如你的沟通对象此刻喜上眉梢，嘴上还哼着小调，恭喜你，遇到了他们最通情达理的瞬间。只要把握住这个短暂的机遇，让对方喜上加喜，就能事半功倍地完成沟通。你甚至有可能顺手解决掉一些平时争议很大的问题。

当然，要做到这点还是不容易的，乐极生悲的沟通失败案例并不罕见。我们需要注意的无非两点：一是尽量不要提让对方扫兴的话，二是用生动形象的描述来证明你此刻与他们怀着同样的心情。前者能让你规避沟通风险，后者能帮你拉近与对方的心灵距离。

想要生动形象地说令对方高兴的话，最重要的技巧是"补充细节"。你首先要挑选那些与对话主旨相关的事例，然后再增加具体的细节，运用各种感官辞藻来描述一幅让沟通对象身临其境的画面。这样一来，他就会认为你确实懂

得他的喜悦，进而产生更多的共鸣。

欠佳的表达："恭喜！现在我们来聊一下上次没讨论完的问题吧。"

正确的表达："恭喜！我们前一次见面时，你还顺口跟我提过自己希望做成这事，现在你终于如愿以偿了。话说上次你华丽登场把我都惊呆了，可惜时间仓促，好多话还没聊完呢。"

从某种意义上说，跟情绪高涨者对话需要发挥你的表演才能，要眉飞色舞地讨论他们感兴趣的话。

戴尔·卡耐基建议道："你的目的是让听众见你所见、闻你所闻、感你所感。而达成目的的唯一途径就是运用充足而又具体的细节描述——何人？何时？何地？如何？何故？除去使用如画般的细节描述外，演讲者还应将其描述的经历再现。其实大多数人都具备这种能力，只要稍加努力与练习，就能使之更完善。重述事件时，在其中加入的动作与情感愈多，给听众留下的印象也就愈深刻。"

通过生动形象的交谈，对方的兴致会随之变得更高。接下来无论你想跟他讨论什么要紧的事情，沟通阻力都将降至最低水平。

» 沟通问题的自我检查 » » » » » » » » » » » » » » » » » »

在下表中选择你认为符合自身情况的描述，在其前面的括号里打"√"，每空1分，最高5分，最低0分。得分越高，说明你需要改进的细节越多；反之，则说明你有比较良好的沟通习惯。

| （　） | 1. 不太会说话，有一开口就让人感到扫兴的特殊技能。 |
| --- | --- |
| （　） | 2. 当别人眉飞色舞地跟自己讨论问题时，自己的态度是爱搭不理。 |
| （　） | 3. 谈话对象热情高涨的话，自己会感觉有点不知所措。 |
| （　） | 4. 自己发言往往比较抽象晦涩，经常让别人感到乏味。 |
| （　） | 5. 不知道如何生动地描述一个事物。 |

◎ 场景练习

　　E推销员再次拜访某位客户时，刚好遇上对方双喜临门——拿下了一个大订单，并且跟女朋友领了结婚证。他上次来时，那位客户心情不佳，所以双方没聊几句就结束了。这次满脸幸福的客户表示对E推销员上次提到的产品有兴趣，可以再谈一谈。

假如我是E推销员，会这样说服客户：＿＿＿＿＿＿＿＿＿＿＿＿＿＿＿

＿＿＿＿＿＿＿＿＿＿＿＿＿＿＿＿＿＿＿＿＿＿＿＿＿＿＿＿＿＿＿＿＿

假如我是客户，会这样跟推销员聊天：＿＿＿＿＿＿＿＿＿＿＿＿＿＿＿

＿＿＿＿＿＿＿＿＿＿＿＿＿＿＿＿＿＿＿＿＿＿＿＿＿＿＿＿＿＿＿＿＿

## 跟情绪不佳者对话，温柔体贴最能暖化人心

人们情绪低落时会变得不想说话，拒绝与别人沟通。假如你的沟通对象恰好处于心情不佳的状态，无疑会使对话效率有所下降。该怎样应对这种不利的情况呢？

人们在平常状态下是可以讲道理的，但在情绪不佳的时候，你说什么都不会被他们采纳。尽管对方明知道你在理，就是过不了心里那道坎儿。哪怕他们事后能悔到肠子都青了，但此时此刻就是要跟你对着干。

对此，乔治·汤普森博士指出："人们往往在压力下会变得不讲逻辑，所以对于"讲道理"这个方式的运用，我有一个基本的原则，那就是永远不要对心烦意乱的人使用它。首先你得让人们平静下来，再试着使用逻辑跟他们讲道理。记住，在承受压力的时候，常识反而是最不常见的认识。"

考验你的时候又到了，若是无法突破这一关，你发起的沟通行动将面临失败。对方在心情不佳时表面上不想跟人说话，但内心深处还是希望有人能温柔体贴地抚慰他们受伤的心灵的。如果你能扮演好这个角色，就有望来一场高效对话。当然，前提是你足够善解人意，能找出导致他们情绪不佳的深层原因。在对方不太愿意积极配合的情况下，这个任务并不容易完成。

欠佳的表达："你要赶紧调整情绪，不然太耽误事了。"

正确的表达："虽然事情有点乱，但你别想太多，好好放松一下，一切都会好起来的。"

体贴他人需要足够的耐心与善意，对对方的痛楚感同身受，不可否定他们最在意的隐忧，也不能对其进行嘲讽。否则的话，他们的心情只会更加糟糕，更不愿意跟你对话。

美国沟通学家大卫·拜伦提出："首先，一定要认同对方的担心。没有人会去驳斥一个同意自己观点的人。其次，向对方指出听从你建议的好处，强调一些对方绝对无法反对的东西。最后，告诉对方，如果真的认同你的说法，就必须接受你的建议。记住，在说出最后一句话之前，你所说的每一个字都是真的，只有这样，才最有利于对方接受你最后的建议。"

这是一个很好的安慰方法，也是促进高效对话的好思路。只要你能够按照这种方法去做，就会给沟通对象树立良好的口碑形象，他们也会将你视为可以信赖的朋友。

### » 沟通问题的自我检查 » » » » » » » » » » » » » » » » »

在下表中选择你认为符合自身情况的描述，在其前面的括号里打"√"，每空1分，最高5分，最低0分。得分越高，说明你需要改进的细节越多；反之，则说明你有比较良好的沟通习惯。

| （　） | 1. 不知道该怎样让情绪低落的谈话对象变得心情愉快。 |
| --- | --- |
| （　） | 2. 当对方态度冷淡时，就懒得跟他说话，哪怕是很重要的沟通。 |
| （　） | 3. 对方恰好心情烦躁的话，都不敢跟他说话。 |
| （　） | 4. 看到哭哭啼啼的人就感到心烦，不想理他们。 |
| （　） | 5. 对别人精神萎靡的样子感到不屑，并且经常讥讽他们。 |

◎ 场景练习

　　F女士约朋友出来吃饭、逛街，却见对方闷闷不乐。一问才知，朋友又被父母、亲戚逼着去相亲，跟家人刚刚大吵了一架。如果不能说点什么转换心情，她们这一天都将在郁闷中度过。

假如我是F女士，会这样安慰朋友：＿＿＿＿＿＿＿＿＿＿＿＿＿＿＿＿＿＿＿
＿＿＿＿＿＿＿＿＿＿＿＿＿＿＿＿＿＿＿＿＿＿＿＿＿＿＿＿＿＿＿＿＿＿＿＿

假如我是那位朋友，会这样跟F女士倾诉：＿＿＿＿＿＿＿＿＿＿＿＿＿＿＿＿＿
＿＿＿＿＿＿＿＿＿＿＿＿＿＿＿＿＿＿＿＿＿＿＿＿＿＿＿＿＿＿＿＿＿＿＿＿

# 跟观点分歧者对话，有理有据有节为上

大多数人都喜欢求得共识而厌恶分歧，因为分歧很容易引发争执，让沟通双方的关系变得紧张。在思想多元化的今天，发生分歧是常见的现象。避免因分歧而中断交流，是一门很有用的学问。

党同伐异是人类的天性，跟观点合拍者聊天会越聊越高兴，跟观点分歧者对话往往会演化成一场激烈的争吵。出现争吵之类的低效对话的根本原因是，我们总是本能地以为自己是正确的。

美国沟通专家罗恩·麦克米兰先生指出："如果你讨论的问题结果充满风险，和其他人的观点完全不同（虽然你深知只有自己是正确的），你往往会强迫对方接受你的观点，一心只想战胜他们。显然，只有你一个人掌握真理的情况非常危险，如果听任对方自行其是，结果肯定会把问题搞得一团糟。因此，当你非常关注而且十分肯定自己的看法正确时，你不只是在和对方交流，而是在强迫他们接受你的观点。你知道应当用大量事实说服对方，但他们肯定会百般抵制你的看法，于是你便变本加厉地强迫对方接受你的观点。"

由此可以看出，人们一旦开始争论，往往就会吵得面红耳赤，最终都会演变成不断升级的相互争吵。其实说到底，双方的目的都是战胜对方，而不是好好沟通。

欠佳的表达："你这个白痴，难道语文老师没教过你说话前先看完全文吗？"

正确的表达："如果你仔细看这几句话，就会明白咱们的观点其实殊途同归，只是侧重点不同。"

在社交媒体发达的今天，人们的表达方式越来越情绪化，更容易与观点分歧者激烈对抗。更有甚者，人们会给观点分歧者贴上形形色色的负面标签，不把对方打成反人类誓不罢休。不改变这种恶习的话，我们很难跟不同类型的人保持高效沟通。

约瑟夫·格雷尼先生指出："学会把对方当作正常人对待，目的是改变我们自己的错误想法和情绪。这样做可以让我们从各种可能的角度去理解对方的行为原因，是一种有效的自我情绪调节方式。实际上，随着经验的积累和技巧应用的成熟，我们会慢慢地变得越来越不关注对方的行为目的，不再沉浸于寻找对方邪恶动机的徒劳游戏，而是关注其行为会对我们造成的影响。值得欣慰的是，当我们学会思考其他目的时，不但会消除自己的激烈情绪，而且能让我们彻底放松地投入对话，只有这样才能发现对方的真正目的。"

在遇到意见分歧的时候，真正的对话高手总是会把对方当成正常人来看，而不是将其无限妖魔化。高效对话只有在求同存异的友好氛围下才能实现。那些动辄把沟通对象当成神经病的人，永远摸不着高效对话的门槛。

» 沟通问题的自我检查 » » » » » » » » » » » » » » »

在下表中选择你认为符合自身情况的描述，在其前面的括号里打"√"，每空1分，最高5分，最低0分。得分越高，说明你需要改进的细节越多；反之，则说明你有比较良好的沟通习惯。

| （　） | 1. 如果跟谈话对象有意见分歧，会生气地骂街。 |
| --- | --- |
| （　） | 2. 如果跟谈话对象有意见分歧，会嘲笑他们的智商。 |
| （　） | 3. 如果跟谈话对象有意见分歧，不会考虑自己出错的可能性。 |

续表

| ( ) | 4. 如果跟谈话对象有意见分歧，哪怕他的话有道理，也坚决不接受。 |
| --- | --- |
| ( ) | 5. 如果跟谈话对象有意见分歧，就算他说的有理有据，也认为他别有用心。 |

◎ 场景练习

　　G先生是历史爱好者，经常在微信群里跟其他朋友谈古论今。有一天，又有新朋友被拉进了微信群。但在聊天过程中，G先生和这位新朋友对某个历史话题有不同看法，两人都很坚持自己的意见，谁也不服谁，让对话气氛有点僵。

假如我是G先生，会这样处理争议：＿＿＿＿＿＿＿＿＿＿＿＿＿＿
＿＿＿＿＿＿＿＿＿＿＿＿＿＿＿＿＿＿＿＿＿＿＿＿＿＿＿＿＿＿＿＿

假如我是其他人，会这样调节气氛：＿＿＿＿＿＿＿＿＿＿＿＿＿
＿＿＿＿＿＿＿＿＿＿＿＿＿＿＿＿＿＿＿＿＿＿＿＿＿＿＿＿＿＿＿＿

## 第三章

## 对话场合特点决定沟通的重心

在不同的对话场合里，人与人的沟通方式会发生很大变化。你平时跟朋友说话的习惯可能不太合适，得做出相应的调整。除了措辞风格外，另一个非常值得注意的问题就是沟通方向。该谈什么，该问什么，该答什么，这三个方面共同构成了对话的主要方向。如果抓不住对话重心，你无法给出对方想要的信息，对方也不能保持在同一个交流频道，沟通效率自然高不起来。

对话场合主要分为上行沟通场合、下行沟通场合、平行沟通场合、多人沟通场合、一对一沟通场合、一对多沟通场合等不同情境。在这六种对话场合中，沟通的目标不尽相同，谈论的重心也差异明显。如果不能把握好该场合的主要对话方向，我们就很难说出让别人有交流兴趣的话，双方最终会因为抓不住彼此想表达的重点而导致沟通失败。

## 上行沟通场合：简要表明想法，尊重对方的威信

上行沟通指的是我们与上级领导、长辈等人进行沟通。他们在组织或社会中的影响力相对较大，如果不能与他们高效对话，会阻碍我们个人的发展进步。有些人误以为上行沟通就是溜须拍马，这未免太小看了沟通艺术。

上级领导的工作繁忙，要面对的人和事更多，所以他们非常重视沟通的效率。与此同时，他们也十分重视沟通对象的态度。假如有人在对话中冒犯上级领导的权威，对方会觉得他在浪费自己宝贵的时间和精力，从而立即中断沟通。因此，跟领导沟通时不仅要尊重他们的威信，还要能举一反三地理解其意图，同时还应该学会用最简明的方式做汇报或提案。

在上行沟通中，我们要随时记住，级别越高的人越缺乏倾听时间，越急着先知道结论。假如你的发言"又长又臭"，哪怕实际上只是短短一分钟，他们都会觉得没有继续听的价值。

日本沟通大师斋藤孝指出："下属对工作有什么具体要求的话，如果听起来感觉不怎么样，他会当耳边风；听起来有点兴趣，他就会说'整理一些资料来给我看看'。说得夸张些，我想所谓能干的上司，一定在等一份充满创意、有如革命新芽般的提案吧。反之，只想跟自己拉近关系的下属，只会让他们反感。"

所以，上行沟通场合中最重要的是让对方在最短的时间内听明白你想表达

什么。他们心中最想知道的是"现在该怎么做",而不是任何给不出结论的废话。

欠佳的表达:"董事长,我要跟您说一个很有发展潜力的项目,但是李经理和王总一直不赞同。"

正确的表达:"董事长,请允许我用一分钟时间介绍这个能让公司营收增加20%的新项目。"

当然,你必须做好上行沟通一次不成需要三次的准备。因为上级领导不光要听你一个人的提议,其他人也会提无数建议。他们会对比你和别人的建议,看看哪一个更加有价值。遇到这种情况时,我们不能因为一时受挫就对上级领导感到愤怒,甚至直接挑战其威信。

乔治·汤普森博士提出:"要随时展现你专业的一面,永远不要将重点放在保全自己面子这一点上。一旦涉及自己的面子,自我那一面就会被无限放大,你就会表现出烦躁、愤怒和偏见等情绪。在跟别人打交道的时候,想想如果是在同等条件下,你在他的位置上,你想要他怎样对待你,你就同样对待他。这才是真正的黄金定律,不是吗?"

总之,简明扼要、态度恭敬是上行沟通中最重要的两个法则。当有一天你处在相同的位置上时,会对此产生更深的理解。

## » 沟通问题的自我检查 » » » » » » » » » » » » » » » » » »

在下表中选择你认为符合自身情况的描述,在其前面的括号里打"√",每空1分,最高5分,最低0分。得分越高,说明你需要改进的细节越多;反之,则说明你有比较良好的沟通习惯。

| （　） | 1. 跟领导说话的时候没大没小,不太有礼貌。 |
| --- | --- |
| （　） | 2. 嫌弃领导讲话太长,表面上假装在听但实际上心已飞远。 |
| （　） | 3. 有时候发言太冲,不给领导台阶下。 |

续表

| | |
|---|---|
| （　） | 4. 为了讨好领导，总是抓住各种机会说一些没有价值的恭维话。 |
| （　） | 5. 不太明白领导想表达的意思，但又不敢细问。 |

◎ 场景练习

　　A 小姐是刚进公司不久的大学应届毕业生，虽然工作经验很少，但做事态度十分积极。部门主管觉得她有培养价值，便逐渐交给她一些更重要的工作。可是，A 小姐觉得自己干得多赚得少，也想提一点意见。

假如我是 A 小姐，会这样跟主管说：_____

_____

假如我是主管，会这样跟 A 小姐沟通：_____

_____

## 下行沟通场合：体察部下的难处，激发他们的士气

下行沟通指的是我们跟部下、晚辈等人进行沟通。这种对话的难度并不低于上行沟通。假如你自恃位高而傲慢无礼，对方也不愿意跟你说真心话。想要让他们愿意跟你交流，需要注意几个问题。

乔治·汤普森博士说："最棒的主管，每天上班的目的都是将他的团队成员变得比自己强。这也是古代大师们的目的，他们都乐意看到自己的学生超越自己。成功都是由他人带来的。将你的力量用在帮助他人身上，让他们去做具体的工作，让事情平稳有效地进行，你就是一个很成功的领导者了。"

然而，这样的领导并不好做。即使你确实想为部下做点事情，虚心征求对方的意见，也不会被他们轻易信任。你主动想跟他们沟通，但他们并不想冒着激怒你的风险来坦率直言。

事实上，当大家认为讨论重要问题可能会给自己造成威胁或尴尬时，大部分人都会选择回避。你的部下们很清楚坦率直言可能给个人带来消极后果，在没确定你的真实意图前，他们会对你虚与委蛇，回避深入交流。这样的上下级交流，如同一场捉迷藏游戏，你在不停地捕捉部下们的想法，而他们拼命掩饰自己的心声不让你发现。

欠佳的表达："必须提前两天完成，我只要结果，不听任何借口。"

正确的表达："我知道这会让你们工作压力倍增，但这次的任务对公司和你们的发展都非常重要。我们全力以赴，每一个人的辛苦付出将成为不朽的功勋。"

只有领导善待部下，体谅部下的疾苦时，部下才会甘愿为领导冲锋陷阵。这种善待不仅包括行为上的尊重，也包括开诚布公地沟通。

乔治·汤普森博士建议："培养一批你的支持者，不要老是对别人指手画脚。如果你遇见一个难缠的顾客，或者刺头的下属，不要轻言放弃，试着多做些努力。这样的举动在他的意料之外，会让他永不忘怀。每次你成功地用语言打动对方，你就有了机会，让对方觉得你跟他的关系又近了一步。这会赋予你相当大的力量。"

在这个建议中，要注意两点事项：一是不对部下颐指气使，二是努力包容部下。对话高手不会轻易放弃任何需要帮助的人，尤其是作为领导的时候，更要做好下行沟通。

>> 沟通问题的自我检查 » » » » » » » » » » » » » » »

在下表中选择你认为符合自身情况的描述，在其前面的括号里打"√"，每空1分，最高5分，最低0分。得分越高，说明你需要改进的细节越多；反之，则说明你有比较良好的沟通习惯。

| ( ) | 1. 对部下总是颐指气使地说话，从不说"谢谢"。 |
| --- | --- |
| ( ) | 2. 部下跟自己诉苦时，会不假思索地斥责他们无能。 |
| ( ) | 3. 从不理会部下的反对意见，而是勒令他们必须按自己的意思办。 |
| ( ) | 4. 经常严厉批评部下，很少表扬他们，觉得他们没什么值得表扬的。 |
| ( ) | 5. 只问部下要结果，拒绝听任何理由，也不怎么给他们打气。 |

◎ 场景练习

B 经理手下的一个员工觉得自己不被公司重视，萌生去意。他吃不准自己该不该辞职，于是向直接上司 B 经理征求意见。但 B 经理看好此人的发展潜力，希望他能留下来。

假如我是那位员工，会这样跟 B 经理说：＿＿＿＿＿＿＿＿＿＿＿＿＿＿

＿＿＿＿＿＿＿＿＿＿＿＿＿＿＿＿＿＿＿＿＿＿＿＿＿＿＿＿＿＿＿＿

假如我是 B 经理，会这样劝导部下：＿＿＿＿＿＿＿＿＿＿＿＿＿＿＿

＿＿＿＿＿＿＿＿＿＿＿＿＿＿＿＿＿＿＿＿＿＿＿＿＿＿＿＿＿＿＿＿

## 平行沟通场合：做好换位思考，灵活运用争与让的艺术

平行沟通指的是与自己地位、能力、年龄、资历等方面大体对等的人进行沟通。这个沟通场合比上行沟通、下行沟通等场合的氛围稍微宽松些，但对话效率是高还是低，取决于你能否做到平等交流。

乔治·汤普森博士感慨道："我合作过和观察过的最好的警察，我倾听过和观察过的最好的销售，我接触过的最好的老师，他们都掌握着同一门艺术。他们可能没有像我这样系统化地研究它，对其条分缕析，但是他们都会不约而同地告诉你，读懂交流对象并且用他所运用的语言去交流，是有史以来最伟大的技巧之一。"

所谓"读懂交流对象并且用他所运用的语言去交流"，一言以蔽之，就是换位思考。这在平行沟通场合尤为重要。

如果我们注意观察身边的低效对话案例，就会注意到沟通双方总是分歧多多、无法相互理解。当每个人都只想着按照自己的习惯来说话时，将不可避免地产生摩擦。谁也听不进对方的意见，不去深思对方的异议背后隐藏着什么样的顾虑，对话效率根本提不上去。

*欠佳的表达："那家伙这次抢了我的风头，我要揭穿他揽功诿过的真面目。"*

正确的表达："我准备和他约个时间好好讨论一下今后怎样合作才能双赢。"

在平行沟通过程中，最不应该做的事情就是自以为最正确并对别人指手画脚。要知道，你的沟通对象跟你地位平等，不是你的部下，没有义务被你呼来喝去。你与他们进行对话时，既要勇于竞争自己的应得之利，也要学会适度让步，赢得对方的长期合作。

对此，乔治·汤普森博士建议道："想要让人们主动跟你合作，满足你的愿望，可以通过四种不同的方式——道德层面、道理层面、私人层面、实际层面——来打动他们。共鸣会帮助你决定从这四个层面中的哪一个入手最有效。如果你赞同，若要成为一个人际交往方面的专家，就得时不时改变他人的意愿，那么你也会赞同，选择什么样的方式切入去打动对方是成功的关键。你的声名成败都系于你怎样使用技巧去控制对方的行为。"

» 沟通问题的自我检查 » » » » » » » » » » » » » » » » » »

在下表中选择你认为符合自身情况的描述，在其前面的括号里打"√"，每空1分，最高5分，最低0分。得分越高，说明你需要改进的细节越多；反之，则说明你有比较良好的沟通习惯。

| ( ) | 1. 觉得沟通对象跟自己是平起平坐的，没必要表现得太尊敬。 |
| --- | --- |
| ( ) | 2. 如果不能在对话中占据上风，会觉得很没有面子。 |
| ( ) | 3. 经常在平行沟通场合跟别人争辩，非要对方接受自己的意见。 |
| ( ) | 4. 对领导毕恭毕敬，对平级的人则口无遮拦。 |
| ( ) | 5. 经常用嘲讽和轻蔑的态度跟对方说话，无视对方的难处。 |

◎ 场景练习

C小姐是新上任的销售部经理，D先生是资历较老的广告部经理。公司需要做一个新的项目，由销售部与广告部牵头。两位经理之前没有合作过，为了协调工作，进行了第一次沟通。

假如我是 C 小姐，会这样说：_____

_____

假如我是 D 先生，会这样说：_____

_____

## 多人沟通场合：引导氛围不在话多，而在精辟

多人沟通主要出现在会议、群聊、现场活动等场合中。有的人健谈，在多人对话时往往控制着讨论方向。有的人木讷，不擅长表达自己的想法，从而被其他人的声音淹没。这个困境是可以突破的。

多人对话的效率自然不如单独谈话或三四个人谈话那么高。一方面，参与沟通的人越多，参与者发言的顾虑就越多，平时活蹦乱跳的人也会变得拘谨起来；另一方面，多人对话意味着每个人的平均发言时间大大减少，不太可能让所有人都充分表达自己的真实想法。

对于一般的内向性格者来说，多人对话并不是他们擅长的沟通方式。他们喜欢先想后说，且不会随便打断别人的发言，这导致其表达观点的机会经常被那些健谈的人抢走。毫无疑问，这是低效率的沟通，实际上能充分阐述见解的人只是少数。

不过，对话高手中的内向性格者依然有办法处理好这种场面。他们会发挥擅长倾听的先天优势，观察多人对话的节奏和走向，然后在关键问题上来一句惊人妙语或真知灼见。此举可以把大家的注意力吸引过来，认真听对话高手的陈述。

当自己想说的意思表达完毕后，内向性格型对话高手又会回归倾听状态，

听其他人尽情发言。如此一来,无论别人的沟通效率如何,对话高手都能完成自己的交流目标。

> 欠佳的表达:"你们说了那么多,好像一点'干货'都没有啊!"
> 正确的表达:"大家可能忽略了一个不起眼的细节。"

多人沟通场合的另一个问题是,不同风格的人需要一个相互适应的过程。对于这种情况,约翰·R.斯托克大师分析道:"我们都是不同的,相互之间拥有不同的互动和沟通风格。如果你能更好地识别个人差异并顺应这些差异,那么,不仅能提高你的话语的影响力和有效性,还会让你的听者感觉到,你很注重与别人建立良好的关系,能理解别人以及被别人理解。你绝不会为了坚持自我的风格而故意毁掉对话。"

在进行多人对话时,尊重其他人的沟通风格是高效互动的根本。对话高手无论是健谈还是内敛,都会贯彻这种善解人意的沟通风格。他们能够帮助其他人更好地认识自己的个性风格偏好,以调试出让大家都感到舒服的互动方式。多人对话的质量和效率必将因此大大提高。

## » 沟通问题的自我检查 » » » » » » » » » » » » » » » »

在下表中选择你认为符合自身情况的描述,在其前面的括号里打"√",每空1分,最高5分,最低0分。得分越高,说明你需要改进的细节越多;反之,则说明你有比较良好的沟通习惯。

| ( ) | 1. 在多人对话的场合里完全插不上嘴,只能静静地从头听到尾。 |
| --- | --- |
| ( ) | 2. 说话太小声,只有少数人才听得到。 |
| ( ) | 3. 说话没底气,恨不得早点离开这个场合。 |
| ( ) | 4. 自顾自说还滔滔不绝,挤占了别人的发言机会。 |
| ( ) | 5. 经常打断别人的发言,尽管插话完毕后会客气地让对方继续说。 |

◎ 场景练习

　　E 先生跟着朋友参加了一个爱好者文化沙龙。他第一次参加这个小群体的集会，除了自己的朋友外，跟其他人都不熟。但 E 先生本来在这个爱好者圈子里有着不小的人气，只是大家只闻其名未见其人。

假如我是那位朋友，会这样介绍 E 先生：_____
_____

假如我是 E 先生，会这样发起对话：_____
_____

# 一对一沟通场合：真诚友好就是最有用的技巧

一对一的沟通场合给人的压力最小，利于大家吐露平时不愿意讲的心里话。但这并不意味着一对一场合不需要沟通技巧。不少朋友就是因为单独对话时一言不合而反目结怨。想让对话变得高效而友好，也需要花一番心思。

对于大部分人而言，坦率直言在很多时候是个稀缺的品质。哪怕看起来心直口快的人，也有不少不敢说的话。对此，《真实对话》一书总结道："要想开展真实对话，就需要有勇气坦率直言，并说出真相。即便对于最能干、最勇敢的人来说，这也是一件令人害怕的事。"

然而，人们越是不敢轻易坦率直言，真诚的语言就越难能可贵，越有打动沟通对象的力量。

在一对一的沟通场合中，许多附加的外在压力被隔绝。交谈双方最有可能卸下平时的伪装，流露出真实的心意。在这种场合下，最能触动人心的绝不是那种华丽的巧言，而是真诚友好的对话。真诚意味着不虚伪、不掩饰、不打折扣，值得信任；友好的语气则能让一切逆耳的谈话内容变成润泽万物的甘霖，没有多余的敌意和压迫感。当两种特性融合在一起时，高效率的一对一沟通自然就能产生了。

欠佳的表达："忠言逆耳利于行，我说话可能有点难听，但是……"

正确的表达："我在想，如果你……这样的话，遇到的麻烦是不是会少一点呢？"

在所有的沟通场合中，一对一的沟通是最为灵活多变的，对话内容及形式也最能突出你和对方的个性。高效对话鼓励具体的个性化发言，同时也遵循着人类世界共有的沟通原则。

乔治·汤普森博士总结了五大沟通原则："第一，无论来自什么文化背景，人们都希望被尊重对待；第二，所有人都会希望被好声好气地询问，而不是颐指气使地命令；第三，所有人，无论是在被询问还是被命令的状况下，都希望能得知整件事的来龙去脉；第四，所有人都希望自己能有主动权去做出选择，而不是被威胁；第五，如果第一次做错了，所有人都希望能得到第二次机会来纠正自己之前的错误。"

上述五项原则是人们希望得到的待遇，而作为对话发起者，你应该努力满足沟通对象的这些需要。唯有如此，他们才会用同样的真诚来回应你，来一场尽兴的畅谈。

» **沟通问题的自我检查** » » » » » » » » » » » » » » » »

在下表中选择你认为符合自身情况的描述，在其前面的括号里打"√"，每空1分，最高5分，最低0分。得分越高，说明你需要改进的细节越多；反之，则说明你有比较良好的沟通习惯。

| | |
|---|---|
| （ ） | 1. 总是等别人先开口，如果对方一言不发，自己也一言不发。 |
| （ ） | 2. 跟别人单独谈话时，会像在众人面前发言时一样拘谨。 |
| （ ） | 3. 因为觉得可以随便一点，于是脏话、粗话层出不穷。 |
| （ ） | 4. 在一对一交谈中容易激动，会时不时情绪失控。 |
| （ ） | 5. 说话不太过脑子，有时让沟通对象感觉很不舒服。 |

◎ 场景练习

　　F 先生是一名辅导老师，朋友想请他帮自己上初中的孩子辅导功课。那孩子学习不太用功，对家长安排的家教有抵触情绪。F 老师第一次跟学生见面，注意到孩子上课时心神不定，便询问原因。

假如我是学生，会这样说：＿＿＿＿＿＿＿＿＿＿＿＿＿＿＿

＿＿＿＿＿＿＿＿＿＿＿＿＿＿＿＿＿＿＿＿＿＿＿＿＿＿＿＿＿

假如我是 F 老师，会这样开导他：＿＿＿＿＿＿＿＿＿＿＿＿＿

＿＿＿＿＿＿＿＿＿＿＿＿＿＿＿＿＿＿＿＿＿＿＿＿＿＿＿＿＿

# 一对多沟通场合：根据大家的关注焦点进行发言

一对多的沟通主要出现在演讲、报告等场合。在许多人眼中，这是压力最大的沟通环境。既要克服独自面对多人的紧张感，又要想办法让听众喜欢你的发言。这不容易做到，需要一点技巧。

一对多场合可以说是所有对话环境中压力最大的场合。无论你表现出色还是糟糕，反馈效果都会成倍地加在你身上。至于你收到的是鲜花还是砖头，主要取决于你讲的东西是否让听众感兴趣。

彼得·迈尔斯教授直言不讳地指出："任何演讲者都可能犯的一个大错误就是，没有先思考清楚为什么听众应该重视你说的内容，就直接向他们传达信息。如果没有人在乎你说什么，也就没有人会听你说什么。"

在他看来，我们应该扪心自问：为什么听众要重视我们说的话？我们的话对他们来说有什么价值？把这两个问题想清楚，你的对话就会完成三个目标：第一，避免听众当场发出"关我何事"的牢骚；第二，向听众证明你能提供他们最感兴趣的东西；第三，让他们聚精会神地倾听你说的每一句话。

这就是对话的关联性原则，一切从沟通对象的关注焦点出发，准备好有针对性的说辞。违背关联性原则的对话，必然是低效的。

欠佳的表达："各位，早上好！很高兴今天能在这里演讲。感谢你们在百忙之中抽空来听我的讲座。"

正确的表达："大家早上好！在座的每一位朋友大概都有这样的经历……我今天的演讲将与大家分享关于这个问题的心得。"

当然，大部分人（特别是性格内向者）都对上讲台感到恐惧和紧张。有些人经过几次锻炼后可能会逐渐好转，有些人则很难保持镇定，依然可能发挥失常。对此，彼得·迈尔斯教授指出："当你站在人群前时，你展现了自己，没有什么能比面对黑暗中一大群人紧盯着自己更恐怖的了。你的遗传记忆告诉你应当遮挡你重要的部位并缩小听众关注的目标范围。此时的你就像一位罗马百夫长，带着自己的剑和盾牌，不能逃跑，也不能战斗。"

我们的紧张主要是因为大脑中不断想着负面的问题。你需要控制思维的方向，在脑中搜索那些积极的答案，比如"我要在对话中使用喜剧明星陈佩斯说的经典台词……"等。坚持这样做下去，你会得到更多积极的心理暗示，处理好一对多的对话场合。

» **沟通问题的自我检查** » » » » » » » » » » » » » » » »

在下表中选择你认为符合自身情况的描述，在其前面的括号里打"√"，每空1分，最高5分，最低0分。得分越高，说明你需要改进的细节越多；反之，则说明你有比较良好的沟通习惯。

| （　） | 1. 紧张得说不出话来。 |
| --- | --- |
| （　） | 2. 声音太小，很多人听不清楚。 |
| （　） | 3. 发言不够简练，让大家感觉非常啰唆。 |
| （　） | 4. 缺乏表达技巧，让大家听得昏昏欲睡。 |
| （　） | 5. 不知如何调动听众的情绪，也搞不清他们对什么感兴趣。 |

◎ 场景练习

　　G博士在学术界取得了重要成就，社会各界纷纷邀请他去做演讲。G博士性格比较内敛，上台演讲的经验比较少，有一些紧张。这次演讲活动的主持人注意到了这一点。

假如我是主持人，会这样向听众介绍他：＿＿＿＿＿＿＿＿＿＿＿＿＿

＿＿＿＿＿＿＿＿＿＿＿＿＿＿＿＿＿＿＿＿＿＿＿＿＿＿＿＿＿＿＿

假如我是 G 博士，会这样跟听众拉近距离：＿＿＿＿＿＿＿＿＿＿＿＿

＿＿＿＿＿＿＿＿＿＿＿＿＿＿＿＿＿＿＿＿＿＿＿＿＿＿＿＿＿＿＿

## 第四章

## 思路理不清，对话讲不明

我们在沟通过程中最常见的障碍之一就是表达不清。双方心里想的是这个意思，说出口后却变成另一个意思。当交谈的主题因表述歧义而偏离原先的轨道时，大家不得不用更多的语言来解释，让对话更加复杂，最重要的核心信息被大量无效信息所掩盖。这样一来，双方讲了一大圈还是没法相互理解。这个黑锅应该由头脑来背。表述不清晰的根本原因是发言者自身的思路混乱。

通常而言，我们很难把心中的想法和感受完美地描述出来。沟通对象需要根据我们的描述在头脑中重新构建一个图像。我们描述得越生动准确，他们脑中的图像就越明白清晰。如果自己没把逻辑理清楚，表达东一榔头、西一棒子的，对方不当场表示懒得跟你废话，已经算是修养好的了。所以，为了让对话更顺畅，我们必须在发言之前过一遍脑子。

## 明确你的对话目的

　　根据交谈目的的差异，我们可以把对话分为很多种类型。普通的聊天没有太多的目的性，随便怎么聊都行。如果想要了解情况或交换意见，就不能不明确沟通的目的了。否则，对话效率高不起来。

　　你的对话目的是什么？这个问题其实很多人并没有认真考虑过。他们只是随心而谈，随口而说，并不是带着解决问题的目标进行沟通。这样一来，势必会让对话变得盲目。

　　美国学者约翰·R.斯托克呼吁大家学会谈论真正重要的事情。他说："让你夜不能寐的事情就是真正重要的事情！你面对的任何问题都需要你的关注，比如承诺或诺言被打破、绩效低下、责任感弱、难相处的人、态度不好等。"

　　可是，大家即便明白哪些是真正重要的事情，往往也会选择回避谈论这些问题。因为我们害怕自己无力解决它，怕未知数带来更坏的结果，于是选择充耳不闻，宁可来一场浪费时间的没有意义的聊天，也不肯进行一次目的明确的严肃对话。这种心态不仅降低了沟通效果，还让事情变得更糟。

　　把你想要实现的目标写下来，越具体、越量化越好。

　　*欠佳的表达："这次对话结束后，我就能进步了。""这次对话结束后，我就*

轻松了。""这次对话结束后,我就不用操心了。""这次对话结束后,我们将收获很大。"

正确的表达:"这次对话结束后,客户将同意买我推荐的产品。""这次对话结束后,公司会赞同我提出的新方案。""这次对话结束后,他会给我提供关于收视率的调查报告。""这次对话结束后,我们将得到一台新的装备。"

对话高手的每一句话甚至说每一个字的语气,都是为明确的目标服务的。他们不会用似睡非睡的神情来配合激昂的言论,那样会抵消发言效果,妨碍目标的实现。

因此,乔治·汤普森博士指出:"目的,显而易见,是你的底线。你必须以专业的方式达到效果。如果你其他所有的地方都做对了,但是没有达到你原来的目的,那么你显然还是失败了。……即使其他所有方面的表现都差强人意,只要达到预期目标,就可以满意了。如果你真的在观点、观众和声音这几方面都下了功夫,你的预设目的通常也能顺利达到。"

高效对话必然生于明确的沟通目的,所以你在沟通前必须认真想清楚自己的意图是什么。

## 》 沟通问题的自我检查 》》》》》》》》》》》》》》》》》

在下表中选择你认为符合自身情况的描述,在其前面的括号里打"√",每空1分,最高5分,最低0分。得分越高,说明你需要改进的细节越多;反之,则说明你有比较良好的沟通习惯。

| ( ) | 1. 没有想好聊什么,说到哪里算哪里,让对方感觉这是在浪费时间。 |
| --- | --- |
| ( ) | 2. 当对话谈到一半时,忘了自己最初想弄清什么问题。 |
| ( ) | 3. 经常被对方的发言牵着走,偏离最初的目标。 |
| ( ) | 4. 只想着达到自己的对话目标,但忽视了对方也有沟通诉求这一事实。 |
| ( ) | 5. 一味琢磨对方发言的动机,而忽略了自身的沟通目标。 |

◎ 场景练习

A 小姐是电视台的女主播，台长让她负责一个新设立的谈话类节目，邀请几位专家一起讨论当前某个社会热点。在事前准备的时候，她发现几位专家的意见相左，在现场可能会引起火爆的辩论。于是她向台长确认这个节目设立的意义。

假如我是 A 主播，会这样提问：_____

_____

假如我是台长，会这样考虑：_____

_____

# 梳理一遍自己的对话逻辑

逻辑不清晰是对话中的常见毛病。说话没有重点，又缺乏连贯性，会导致对方难以理解你的真实意思，甚至造成不应有的误会。所以，在与沟通对象交谈前，梳理一下自己的逻辑是很有必要的。

有些朋友以为自己健谈就能搞定一切沟通问题，这是一种不应有的盲目自信。事实上，我们在各种对话中可能遇上很多出乎意料的问题，并不会都按你熟悉的套路来。无论是你还是沟通对象，都可能说一些无法准确表达真实想法的话。

约翰·R.斯托克先生指出："我们的'潜意识'运行着一种'保护性无逻辑'机制来保护我们的自我或自我意识。当我们大脑的这些部位掌控对话的时候，就会出现各种问题。如果我们没有做好准备，我们的潜意识就会做出保护我们的反应，我们的想法会突然脱口而出，并伴着一些情绪和非语言行为。这样的对话无法体现我们的最佳意图。因此，在对话中，缺乏准备会导致战斗或逃跑反应。"

你大概也经常会觉得对方说话毫无逻辑性，尤其是在激烈争论的时候。这正是"保护性无逻辑"机制在发挥作用，只不过它往往让说话者陷入更大的危机中，比如被围观者集体嘲讽。

其实，任何人都可能对自己没准备好的问题做出不利的行为。因此，发起对话前梳理自己的逻辑是必要的。

欠佳的表达："我用过他们的产品，简直糟糕透了。全世界都知道他们客户服务做得差，送货不及时，要不是为了得到优质产品，我才不花这个冤枉钱呢。"

正确的表达："我用过他们的产品，产品不错，但公司的售后服务很糟。"

有些单位开会之前会给所有与会人员一份类似内容摘要的文件，以便大家搞清楚本次研讨会要说点什么，用更高的效率来完成沟通。

日本沟通专家斋藤孝对这种方法的效果有一个生动的比喻。他说："把每一个问题都当成公车站牌来看，就比较好懂了——如果搭上一班不知道有几站、也不知道终点在哪里的公车，想必是非常令人不安的。但是如果一开始就知道'这班公车有五站'，就算绕点远路，心情也会比较平稳，也可能突然找到捷径。所以，问题清单就像是公车路线图一样。"

因此，我们在准备对话之前，也可以给自己列一份内容摘要。这能帮助我们把逻辑梳理清楚，减少不必要的废话。

» 沟通问题的自我检查 » » » » » » » » » » » » » » » » » »

在下表中选择你认为符合自身情况的描述，在其前面的括号里打"√"，每空1分，最高5分，最低0分。得分越高，说明你需要改进的细节越多；反之，则说明你有比较良好的沟通习惯。

| ( ) | 1. 会把一些风马牛不相及的事情扯到一块儿说。 |
| --- | --- |
| ( ) | 2. 被周围的人批评发言缺乏逻辑性。 |
| ( ) | 3. 思维非常跳跃，没有逻辑连贯性。 |
| ( ) | 4. 时不时说出自相矛盾的观点，而且自己察觉不到。 |
| ( ) | 5. 被别人指出逻辑错误后恼羞成怒，结果说了更多逻辑混乱的话。 |

◎ 场景练习

　　B女士是一名律师，受理了一起刑事诉讼案件。被告律师以犯罪嫌疑人尚未成年为由向法庭提出免罪申请。休庭时，B女士跟原告商量后认为，对方的辩护站不住脚，但需要严密的论证来反驳。

假如我是原告，会这样征求意见：＿＿＿＿＿＿＿＿＿＿＿＿＿＿＿＿＿＿
＿＿＿＿＿＿＿＿＿＿＿＿＿＿＿＿＿＿＿＿＿＿＿＿＿＿＿＿＿＿＿＿＿＿＿

假如我是B律师，会这样梳理自己的逻辑：＿＿＿＿＿＿＿＿＿＿＿＿＿＿
＿＿＿＿＿＿＿＿＿＿＿＿＿＿＿＿＿＿＿＿＿＿＿＿＿＿＿＿＿＿＿＿＿＿＿

# 准备协助沟通的道具

有经验的沟通高手并不只是用三寸不烂之舌来说服对方，他们会借助各种各样的道具来更好地传递自己想表达的信息。尤其是在一对多的场合里，这样的准备工作更加重要。

在一对多的公开讲座中，演讲家最害怕的事就是忘了自己要说什么。其他沟通场合也是如此，我们事先想了很多说辞，但在实际对话中经常会漏掉大半。

这并不是什么稀奇的事。除了直接读演讲稿或声明外，大部分对话都在互动中进行。你事先拟好的说辞，在你问我答的过程中未必找得到合适的切入时机。而沟通双方无论怎样控制，对话节奏都会在一定程度上偏离自己的预想。很多人事后才会察觉，自己最想表达的话竟忘了说出来。

高效对话需要适当的停顿，但最忌节奏被打乱。当你花了较多时间和精力去苦苦搜索脑海里的记忆内容时，沟通对象已经被晾在了一边。你们之间的联系被切断了，对话不可能有高效率。

演讲家怕忘词，于是会准备好提示物，以备不时之需。比如，他们经常会在兜里揣着一打提示卡，上面写满了自己必须要说的重要内容。除了提示卡，记事本上列出的大纲、幻灯片、屏幕提示、挂图等道具也能帮你回忆暂时遗忘的内容，保证沟通的顺利进行。

欠佳的表达："接下来……（看了一眼提示卡），刚才漏说了一点，我补充一下……"

正确的表达："接下来……（看了一眼提示卡），我们讲下一点。"

一般来说，只要我们看一眼提示物，就能很快把思路整理一番，妥善地表达出来。但彼得·迈尔斯教授建议我们在非正式谈话或演讲中应当避免以下两种做法：

第一种是逐字逐句地写下提示用的稿子，然后像演员那样背台词和说台词。因为在实际对话中，你很难自然地展现自己记熟的每一个字。一旦忘掉了其中的一个词或一句话，就很可能陷入当场卡壳的窘境。

第二种是写下发言内容后直接读给对方听。你没有朗诵家的表现力，不可能把这些话读得声情并茂、打动人心。听者只会觉得你的发言单调乏味，如同重新加热的剩饭剩菜。

此外，你准备的提示物一定要放在随时可以扫见的地方，上面提示的关键点要用清晰而整齐的字体来书写。使用提示物时瞄一眼即可，不能停留太长时间，更不能让它们遮挡住你。

## » 沟通问题的自我检查 » » » » » » » » » » » » » » » »

在下表中选择你认为符合自身情况的描述，在其前面的括号里打"√"，每空1分，最高5分，最低0分。得分越高，说明你需要改进的细节越多；反之，则说明你有比较良好的沟通习惯。

| ( ) | 1. 口头解释不清楚时心急如焚，但想不起借助某种工具来协助表达。 |
| --- | --- |
| ( ) | 2. 遇到不允许失误的重要发言场合时，也不认真准备讲话。 |
| ( ) | 3. 对话前没有认真检查辅助道具，导致道具在关键时刻掉链子。 |
| ( ) | 4. 使用了错误的道具，削弱了对话效果。 |
| ( ) | 5. 完全不重视道具的辅助作用。 |

◎ 场景练习

　　C 先生是一名演讲家，平时都是给成年的听众开讲座。这次一位小学校长邀请他给学生做演讲。他此前没接触过小学生听众，便与校长沟通如何做准备工作，这样才能选择更加适合小听众的演讲道具与展现形式。

假如我是 C 先生，会这样询问情况： ＿＿＿＿＿＿＿＿＿＿＿＿＿＿＿＿

＿＿＿＿＿＿＿＿＿＿＿＿＿＿＿＿＿＿＿＿＿＿＿＿＿＿＿＿＿＿＿＿＿

假如我是校长，会这样回复： ＿＿＿＿＿＿＿＿＿＿＿＿＿＿＿＿＿＿

＿＿＿＿＿＿＿＿＿＿＿＿＿＿＿＿＿＿＿＿＿＿＿＿＿＿＿＿＿＿＿＿＿

## 规定好发言的方向和分寸

如果我们在聊天时不限定好讨论范围，很容易变成毫无重点和方向的漫谈；如果我们不注意掌握好发言的分寸，就可能让对话陷入尴尬的局面。这两种情况无疑对提高对话效率构成了阻碍。该如何避免呢？

沟通艺术的一大难点就是如何控制对话的方向和力度。当对话方向控制不当时，沟通双方会就不知不觉进入一个奇怪的节奏，离最初的交流意图也会越来越远。对话力度的影响有时候更为显著。说话轻了如同隔靴搔痒，白费口舌；说话太重，则会令人产生不必要的负面情绪。

因此，彼得·迈尔斯教授在给斯坦福大学师生讲课时提醒道："不同的语言具有不同的热度。最重要的一点是将你的语言设定在一个恰当的强度水平。词语的选择与你的意图相匹配。传达信息时，语气的热情程度也要有所选择。"

在不同的对话意图的驱使下，对话高手会选择最合理的发言分寸，以确保对方的注意力不会偏离自己设定的方向。而不擅长沟通的人可能下意识地采取与意图不匹配的措辞，以致大大削弱了对话效果。

*欠佳的表达：*消防队队长发现队员们所在的大楼即将发生连环爆炸，一脸淡定地说"各位应当思考更快捷的撤退方式"。

正确的表达：一个消防队队长发现队员们所在的大楼即将发生连环爆炸，果断地大喝"所有人马上出来"。

发言方向主要取决于你的对话初衷，发言力度取决于事情的紧急程度。

为了更好地控制对话分寸，美国斯坦福大学组织行为学博士科里·帕特森提出了"综合式陈述法"，具体包括五个步骤：（1）分享事实经过；（2）说出你的想法；（3）征询对方的观点；（4）做出试探性表达；（5）鼓励做出尝试。

前三步围绕"表达内容"展开，后两步则是关于"表达方式"的技巧。大多数人在第一步就做得很糟糕，他们总是急于一吐心中之快，反而让表达方式变得更为低效。

科里·帕特森特别强调第一步不能遗漏。他说："事实是最不会引起争议的内容。从事实谈起可以为你的对话提供安全的出发点。由于具备高度的客观性，事实是最不好引起争议的内容。除了不具争议性，和主观判断相比，事实还具有说服力更强的特点。事实是构成信念的基础，如果你想说服他人，注意不要一上来就在对话中抛出个人想法，你应当在事实的基础上展开对话。"

## » 沟通问题的自我检查 » » » » » » » » » » » » » » » » »

在下表中选择你认为符合自身情况的描述，在其前面的括号里打"√"，每空1分，最高5分，最低0分。得分越高，说明你需要改进的细节越多；反之，则说明你有比较良好的沟通习惯。

| （　） | 1. 由于开场白处理不当，一下子就把话题带入了令各方都尴尬的方向。 |
| --- | --- |
| （　） | 2. 在对话过程中一不留神就发表了过激言论。 |
| （　） | 3. 没掌握好说话的分寸，触及了沟通对象的痛处。 |
| （　） | 4. 措辞缺乏力度，无法引起对方重视。 |
| （　） | 5. 大家开始聊得很好，但最后得意忘形，不小心踩了对方的雷区。 |

◎ 场景练习

D 先生是报社的特约评论员。最近他对一篇错误百出的"科普文章"感到很无语，决定给报社发一篇稿件。报社主编也有类似的想法，但她注意到 D 先生的文章可能把新媒体舆论带到另一个方向上。

假如我是 D 先生，会这样询问行文分寸：_____
_____

假如我是主编，会这样向他解释：_____
_____

## 提醒自己注意避开对方的忌讳

每个人都有自己的忌讳，一旦被触及就会当场翻脸。这样一来，对话就无法继续进行下去，甚至可能演变为肢体冲突。因此，我们在沟通过程中应当注意避免触犯对方的忌讳。

一般来说，我们知道熟人的忌讳，所以可以有效规避，但对于那些第一次接触的陌生人，就只能谨慎行事了。

所有的对话高手都会有意识地控制自己的行为方式，经常反推自己的言行是否合理，从而找出阻碍沟通的负面因素。唯有如此，才能时刻提醒自己不要踩中对方的雷区。

美国学者罗恩·麦克米兰曾经说过："光留意问题还不够，你必须诚实地审视自己的行为。如果你告诉自己暴力应对是因为'对方咎由自取'，那你肯定不会考虑改变这种做法。如果你脑子里蹦出的第一个念头是'是他们先招惹我的'，或是认为自己的举动很合理，那么你也不会产生改变问题的动力。在这种情况下，你非但不会停下来审视自己的错误之处，反而会积极地为这种行为找借口。"

真正的对话高手都有自省的习惯，同时还有主动承认错误的勇气。一旦注意到对话陷入僵局，他们会努力找出不足、纠正过失，但不会在自我怀疑的泥潭中不可自拔。这样一来，对话就能继续进行下去了。

欠佳的表达："就算刚才是我弄错了，那又怎样？难道你无论什么时候都完全正确吗？"

正确的表达："抱歉，刚才是我的疏忽，感谢提醒。我们继续说刚才的话题吧。"

假如你在对话中不慎冒犯了对方，不要找借口，应真诚地道歉，然后改正。

关于怎样消除那些容易触犯别人忌讳的错误想法，美国学者艾尔·史威茨勒提供了一个很好的思路。他说："意识到自己正在为错误行为寻找借口时，对话高手会暂停交流，努力改变错误想法，构思正确想法。所谓正确想法，指的是那些可以引导积极情绪的想法，因为只有积极的情绪才能产生健康的应对方式。你应当改变主观臆断的做法，这是因为，错误想法有一个共同之处，即缺乏完整性。错误想法会忽略关于自我、关于他人以及我们的人际关系等方面的关键信息。只有把这些重要信息综合起来，我们才能把错误想法改变成正确想法。"

## » 沟通问题的自我检查 »»»»»»»»»»»»»»»»»»»»

在下表中选择你认为符合自身情况的描述，在其前面的括号里打"√"，每空1分，最高5分，最低0分。得分越高，说明你需要改进的细节越多；反之，则说明你有比较良好的沟通习惯。

| （ ） | 1. 由于肆无忌惮地发言，在无意中触犯了他人的忌讳。 |
| --- | --- |
| （ ） | 2. 大概知道别人忌讳什么东西，但对话时一激动说了伤人的话。 |
| （ ） | 3. 故意扯争议话题，挑战沟通对象的耐心。 |
| （ ） | 4. 别人已经面色铁青时，自己仍浑然不觉，继续说他不爱听的话。 |
| （ ） | 5. 当有人提醒自己发言失当时，为了维护面子，破罐子破摔。 |

◎ 场景练习

　　E大姐是居委会主任。这一天，社区里的一对小夫妻因某些事情吵架，还乱摔东西，惊动了左邻右舍。E大姐闻讯前来调解纠纷，劝走围观群众，关起门来跟小夫妻谈心。

假如我是E大姐，会这样对女方说：＿＿＿＿＿＿＿＿＿＿＿＿＿＿＿＿＿
＿＿＿＿＿＿＿＿＿＿＿＿＿＿＿＿＿＿＿＿＿＿＿＿＿＿＿＿＿＿＿＿＿＿

在弄清情况后，我会这样对男方说：＿＿＿＿＿＿＿＿＿＿＿＿＿＿＿＿
＿＿＿＿＿＿＿＿＿＿＿＿＿＿＿＿＿＿＿＿＿＿＿＿＿＿＿＿＿＿＿＿＿＿

# 找准最佳交谈时机与场合

同样的话语在不同的时机与场合中说出来，效果是有天壤之别的。所以，选择合适的时机与场合也是对话高手的必备功夫。人们经常会把沟通对象置于窘迫的对话环境中，这是为什么呢？

掌握对话的主动权是实现高效沟通的必经之路，但在这条路上有一只凶猛的拦路虎叫作"强人所难"。正如《非暴力沟通》的作者、国际非暴力沟通中心创始人马歇尔·卢森堡博士所说："我们大多数人使用的语言倾向于评判、比较、命令和指责，而不是鼓励我们倾听彼此的感受和需要。"

这个毛病在对话发起者身上更常见。他们控制着沟通的方向和节奏，觉得自己拥有主动权，所以总是选择便于自己说话的场合与时机。问题是，利于你表达的环境未必是对方喜欢的。如果你只顾自己说话方便，而没有想过他们此刻是否有时间、有精力、有心情听你唠叨，就不可避免地被对方讨厌。谁让你打乱了他们的正常节奏呢！

既要利于你充分表达想法，也要便于对方放下一切手中的事来倾听你发言，这才是最佳的交谈时机。至于最佳的对话场合，可能是餐厅里的小包间，也可能是公园的长凳，还可能是江岸的青草地。总之，就是一个不容易受旁人干扰的环境，这样才能让沟通双方都能专注而放松地交流。

欠佳的表达："有什么话就在这里说吧，没必要躲躲闪闪的。"

正确的表达："这样一直站着也不舒服，咱们还是找个地方坐下来慢慢聊。"

有些人不知道怎样选择最佳交谈时机与交谈场合。他们的症结并不在于不够聪明，而是脑子里老是考虑自己习惯的语言套路，而没有搞清楚对方熟悉的语言套路。

对此，乔治·汤普森博士建议道："将自我暂时放到一边，全身心投入到你所要完成的工作中……你要真正地关心与你交流的对象，将他们的需要放在首位，选择在正确的时机对正确的人讲正确的话。"

也就是说，你要忘掉自己，主动查清对方最喜欢什么样的沟通方式，然后按照那种沟通方式来选择时机与场合。这样就能让沟通对象获得最舒适的对话环境，并愿意对你开诚布公。

## 》 沟通问题的自我检查 》 》 》 》 》 》 》 》 》 》 》 》 》 》 》 》 》

在下表中选择你认为符合自身情况的描述，在其前面的括号里打"√"，每空1分，最高5分，最低0分。得分越高，说明你需要改进的细节越多；反之，则说明你有比较良好的沟通习惯。

| （  ） | 1. 在别人忙得焦头烂额的时候讨论鸡毛蒜皮的事情。 |
| --- | --- |
| （  ） | 2. 在别人需要单独静一静的时候再三要求展开对话。 |
| （  ） | 3. 在别人火冒三丈的时候发表一些具有刺激性的观点。 |
| （  ） | 4. 在别人兴高采烈的时候故意泼冷水来证明自己有多么"高明"。 |
| （  ） | 5. 在公开场合跟对方讨论本该私下交流的事情，把矛盾分歧公开化。 |

## ◎ 场景练习

F先生是一个项目组的负责人。最近项目组中最年轻的小伙子工作有些心不在焉，影响了团队的进度，其他同事都有怨言。为此，F 先生想跟那位小伙子沟通一下，但他不想采取批评的方式。

假如我是 F 先生，会这样跟对方说明来意：_____

_____

在弄清原委后，我会这样跟对方谈心：_____

_____

## 第五章

## 不懂引导话题，谁都不肯跟你对话

　　沟通过程中最可怕的不是鸡同鸭讲，而是冷场。无论是没听明白还是有意见分歧，只要愿意交谈最终都能讲清楚，至少也能弄懂各自的态度。鸦雀无声的冷场，则会生硬粗暴地破坏交流氛围，让对话直接结束。这显然不利于保持高效沟通。为了避免冷场，学会寻找聊天话题可以说是沟通中的关键。

　　寻找聊天话题是交流活动中比较有难度的事。世界上的话题加起来可以塞满整个太阳系，但我们的注意力和知识储备都有限，只是知道很少的一部分。而且，交谈双方的兴趣点有没有重合也是说不准的。所谓话不投机，在很大程度上是因为找不到彼此都感兴趣的话题。这时候，你就需要设法弄清沟通对象喜欢什么，然后再用共同的话题来激活交流的兴趣。哪怕你原本的对话意图是说别的事，也要通过这种方式来获得对方的好感。否则，他们不想听也不想说。

## 跟谁都能聊得来，先要讲好开场白

对于那些不善言辞的人来说，开场白是对话中的第一只拦路虎。万事开头难，开场白也是如此。如果不能一开口就引起沟通对象的交流兴趣，高效对话就无从谈起。

大多数人在对话进行到最初的五至十分钟后才会进入良好的状态，但前提是沟通对象还有兴趣继续聊。很多人并不善于做到这一点。

美国学者提出了一个"七秒法则"——听众决定是否关注你的发言只需要七秒。换句话说，你只有七秒的时间来吸引对方继续听你花五至十分钟表达自己的观点，见证你进入最佳状态后的样子。

什么样的开场白才能在七秒内吸引沟通对象呢？

彼得·迈尔斯教授指出："设计你的开头时，切记要让它出众、干净、利落，要旗开得胜，因为没有时间让你浪费。"

你的开场白首先要有语出惊人的震撼力，能一下子抓住对方的心，然后干净利落地将对话导入主题，让他们明白你想要讨论的是什么话题。

欠佳的表达："我今天的演讲主题是……"

正确的表达："在这次对话结束后，你们将能昂首挺胸地走出这扇大门。"

关于怎样讲好开场白，彼得·迈尔斯教授提出了以下建议：

1. 传统建议认为应该用笑话做开场白，但现在最好慎重讲笑话，除非你的笑话足够新颖、幽默且与对话主旨有关。

2. 以"你（你们）"开头，直接而明确地表现出你在乎沟通对象的感受。

3. 运用统计数据，特别是那些与每个人的切身利益及日常生活息息相关的"性感数字"，可以让对方感到惊喜与振奋。

4. 开场白也可以设计成一个问题，主动引起沟通对象的思考。

5. 使用让听众感到震惊的内容，一下子对你的话引起高度关注。

6. 用"坦白"来表现出自己的不足，欲扬先抑，给人真诚的印象。

7. 在开场白中使用"我们想象一下"来调动沟通对象的互动积极性。

8. 讲大家都感兴趣的故事，包括历史故事与现实案例。

» 沟通问题的自我检查 » » » » » » » » » » » » » » » »

在下表中选择你认为符合自身情况的描述，在其前面的括号里打"√"，每空1分，最高5分，最低0分。得分越高，说明你需要改进的细节越多；反之，则说明你有比较良好的沟通习惯。

| （　） | 1. 缺乏开场白的铺垫，一上来就说事，没给对方充分的心理准备。 |
| --- | --- |
| （　） | 2. 开场白过于冗长，半天不能进入主题。 |
| （　） | 3. 开场白讲了一个大家都听烦了的老笑话，搞得场面很尴尬。 |
| （　） | 4. 开场白跟接下来的发言没有连贯性，可有可无。 |
| （　） | 5. 开场白过于低俗，令对方感到反胃。 |

◎ 场景练习

A女士是业内有名的职业经理人。她接受了一家跨国集团的邀请，成了该集团旗下的一名高层管理者。公司为她精心安排了上任典礼。这是全体部门员工与她的初次见面。典礼主持人正在向大家介绍她。

假如我是主持人，会这样说开场白：_____

_____

假如我是 A 女士，会这样说开场白：_____

_____

# 容易引发讨论兴趣的常用话题

每个人的爱好各异，喜欢讨论的话题也不尽相同。但某些话题是大多数人都感兴趣的，沟通双方可以此为引子进行深入交谈。

戴尔·卡耐基发现了一个很有趣的经验——那些讲述生活启示的演讲者永远都能吸引听众的注意力。

这个世界上有几十亿人口，分布在不同的国家和地区，有着不同的文化背景和生产生活方式，于是也就有了各种千差万别的命运轨迹。哪怕是你对门的邻居，也会有很多你未曾经历过的琐碎的往事。人们喜欢听故事，想了解其他人的喜怒哀乐，以及那些源于生活的智慧启迪。在这种天性的驱使下，我们渴望了解各种人的生活现状和精神情感。无论是名人的回忆录，还是普通人的口述记录，即便讲的是微不足道的琐事，大家听起来也会兴趣盎然。

所以，正在发愁该聊什么话题的你，根本没意识到自己身上有一座话题宝库。只要从自己的背景中搜索，你就可以找出一个能跟沟通对象愉快分享的话题。比如，你的童年成长经历、走向社会后的酸甜苦辣、平时的业余爱好、最感兴趣且造诣最深的知识领域等，都是很好的生活素材与讨论话题。

欠佳的表达："我买了一本关于甲骨文的书，一般人看不懂的。"

正确的表达："哎，你听说了新播的电视剧吗？我朋友参与制作的。"

什么才是最合适的话题呢？答案是开放的，凡是由你的经历与沉思融汇而成的生活素材都是合适的话题。

需要明白的是，最容易引发讨论兴趣的话题是围绕一个人的生活背景展开的。你应该对自己选择的讨论话题充满热情，尽可能地抛开从书籍媒体上看来的第二手思想，而要用心灵去发掘生活素材中的种种细节，用头脑去整理琐碎而深刻的个人感悟。

不要害怕你开启的话题过于个人化。也许，你的沟通对象恰恰对这些未知的信息充满兴趣。你要做的只有一点，投入地讲述自己最想说的话题，然后根据对方的反馈不断补充说明，分享点点滴滴的真情实感。高效对话并不是刻意完成的，像这样自然而然地推动，才是理想的沟通。

» ⬛ 沟通问题的自我检查 ⬛ » » » » » » » » » » » » » » » » »

在下表中选择你认为符合自身情况的描述，在其前面的括号里打"√"，每空1分，最高5分，最低0分。得分越高，说明你需要改进的细节越多；反之，则说明你有比较良好的沟通习惯。

| ( ) | 1. 遇到陌生人时不知道该聊什么话题。 |
|-----|------------------------------|
| ( ) | 2. 不知道人们通常喜欢聊什么话题。 |
| ( ) | 3. 不知道最近大家在聊什么热点话题。 |
| ( ) | 4. 不知道沟通对象最感兴趣的是什么话题。 |
| ( ) | 5. 饶有兴致地大谈那些对方不太懂的冷门话题。 |

◎ 场景练习

B先生在冬天出国旅游，回程时不巧在机场遇到了罕见的暴风雪。他和几位中国游客都不得不滞留机场，等待着天气的好转。尽管素不相识，但大家在异国环境中共同遇到难关，很快就聚在一起聊天，排解烦躁的情绪。

假如我是 B 先生，会这样引起话题：_____

_____

假如大家不感兴趣，我会改口说：_____

_____

# 读懂对方是否对这个话题感兴趣的小窍门

高效对话不仅考验着你的表达能力，还对你的观察能力提出了更多的要求。你必须迅速读懂沟通对象是否对现在谈论的话题感兴趣。否则，这场对话很快就会变得索然无味，难以为继。

"话不投机半句多"，所以，你必须选择让对方感兴趣的话题，才能让对话变得高效。显然，你必须学会察言观色，并保持较高的敏感度，及时捕捉对方的感受。

美国沟通和说服培训专家大卫·拜伦说："保持敏感是一项技能。在说服过程中，当你不再考虑自己、不再考虑自己的方法是否正确时，就说明你已经开始有意地保持敏感了。在这个过程中，一旦你所说的话让对方有了某种情绪反应，你便会立刻感觉到。一般来说，对方的脸颊会开始有些轻微发热。他可能会转移目光，看向别处，眼睛甚至会变得湿润。此时，你能清楚地感觉到有些东西已经进入对方的内心。他可能感觉有些动心了，或者可能正在重温某些痛苦的经历……诸如此类的信息都非常有用。"

当你注意到这些细节后，就能感知对方的心理状态，不失时机地说一些强化他们内心感受的话语。这无疑会大大提高沟通效果。

欠佳的表达："你是不是觉得这个话题很无聊啊？我说了那么久，好像你一点都不兴奋。"

正确的表达："你平时喜欢跟别人聊点什么话题呢？"

该怎样读懂对方是否对这个话题感兴趣呢？

科里·帕特森的建议是观察对方是否在细节上言行一致。他指出："在确认对方的感受时，我们应当扮演'镜子'的角色，描述他们的外在表现或行为。虽然我们不了解对方的想法和观察到的事实，但我们可以观察并模拟他们的行为。当对方的语气或体态（可以暗示出隐藏其中的情绪）和他们的表达内容不一致时，利用这种方法鼓励对方开口特别有效。我们应当抓住这个细节了解其感受。这样做的好处是，我们可以对对方表现出尊重和关注。"

具体而言，你在对话过程中可以好好观察这些细节：对方的姿势、跟你的亲近度、眼神的变化、语气、语速、说话节奏、音量、手势、嘴唇状况、眨眼频率、瞳孔是否扩大、情绪变化、停顿的次数与间隔、吞咽口水的次数与间隔等细微的征兆。

» **沟通问题的自我检查** » » » » » » » » » » » » » » » »

在下表中选择你认为符合自身情况的描述，在其前面的括号里打"√"，每空1分，最高5分，最低0分。得分越高，说明你需要改进的细节越多；反之，则说明你有比较良好的沟通习惯。

| （　） | 1. 对话时只顾自己说得痛快，完全不注意观察对方的反应。 |
| --- | --- |
| （　） | 2. 如果没有第三人提醒的话，完全不会注意到沟通对象已经变得脸色阴沉。 |
| （　） | 3. 看到对方保持彬彬有礼的态度时，误以为他对这个话题非常感兴趣。 |
| （　） | 4. 以为只要对方不明确表示拒绝就一定是喜欢这个话题。 |
| （　） | 5. 看到对方多听少说时，误以为他对这个话题毫无兴趣。 |

◎ 场景练习

　　C小姐在网络上发表了自己绘制的漫画，受到了不少网友的欢迎。某互联网平台漫画频道的一位编辑想找她合作，约了面谈。不善交际的C小姐表情淡漠，回话也比较小声，并不显得很兴奋，但内心是非常希望谈成的。

假如我是编辑，会旁敲侧击地问：_____
_____

假如我是 C 小姐，会这样解释：_____
_____

# 在冷场之前快速引出新话题

　　善于打破冷场的人，必定是精通高效对话的沟通高手。他们能敏锐地注意到对方什么时候对当前话题失去兴趣，并通过改变话题来引导沟通对象再开尊口，避免对话不了了之。

　　不少人有个认识误区，以为"擅长聊天"和"擅长对话"是一回事。其实两者有很大区别。"聊天"没有特别的目的性，也少有条条框框约束，聊到哪里算哪里。你和朋友聊天的时候往往会像山洪暴发一样收不住，很少会出现冷场。"对话"则不然，有很强的目的性，双方沟通起来也相对谨慎，不会轻易说拿不准的话。于是有可能出现讨论不充分、双双沉默良久的不利局面。

　　对话一旦进入冷场的僵局，沟通双方就会感到非常不自然，想说点什么来打破沉默，但又吃不准新话题是否聊得起来。这种犹豫的心态进一步导致冷场局面恶化，最终演变成双方礼貌地道别，沟通毫无进展。

　　高效对话的一大特征是有停顿而无冷场，双方在说完一个话题后，很快又能找到新的话题进行讨论。对话高手之所以能打破冷场，是因为他们具备两种能力：一种是整理自己思考内容的归纳能力，另一种是准确理解对方想法的理解能力。

欠佳的表达："这个问题的情况就是这样了……你怎么不说话？"

正确的表达："这个问题的情况就是这样了。哎，对了，昨天互联网上的最热门话题你看了吗？"

很多朋友不知道该怎么寻找新话题。其实，我们只需要从自己想说的内容里挖掘新的见解即可。

彼得·迈尔斯教授指出："听众需要'知道或发现的知识'，我们称之为'发现部分'。为什么是'发现'呢？因为从理论上来讲，你是要说出自己的见解从而刺激听众发现些什么，而不是强制性地将信息灌输到他们的大脑里。发现可能很简单，如一些人终于弄明白了一个一直困惑他们的问题。它是脑部的一种兴奋活动——人们喜欢那种自己想清楚某些事情的感觉。'啊哈，原来如此。'他们享受这样的感觉。"

由此可知，听者喜欢困惑得到解答或接触新观点、新信息的感觉。我们在引出新话题之前，应该先根据前一分钟的谈话来摸清对方的关注点所在。然后，再根据其关注点来组织话题，这样就能有效避免尴尬的冷场局面了。

» 沟通问题的自我检查 » » » » » » » » » » » » » » » »

在下表中选择你认为符合自身情况的描述，在其前面的括号里打"√"，每空1分，最高5分，最低0分。得分越高，说明你需要改进的细节越多；反之，则说明你有比较良好的沟通习惯。

| ( ) | 1. 事前没有准备冷场时用来打破沉默的话题。 |
| --- | --- |
| ( ) | 2. 对方不按套路接话时，就变得不知所措。 |
| ( ) | 3. 如果对方回话有一搭没一搭的，会很快失去继续沟通的耐心。 |
| ( ) | 4. 试图用新话题再次打开沟通的话匣子，但他并不感兴趣。 |
| ( ) | 5. 不知道该怎么办，于是跟对方一起沉默。 |

◎ 场景练习

　　D先生经不住亲戚朋友的"狂轰滥炸"，同意去相亲。两人在约定的餐厅会面。D先生对女方的第一印象不错，但之前没什么相亲经验，不知该聊点什么。女方也同样拘谨局促地等着D先生开口。于是，相亲很快陷入冷场。

假如我是 D 先生，会这样找话题：＿＿＿＿＿＿＿＿＿＿＿＿＿
＿＿＿＿＿＿＿＿＿＿＿＿＿＿＿＿＿＿＿＿＿＿＿＿＿＿＿＿＿＿

假如我是相亲对象，会这样打破沉默：＿＿＿＿＿＿＿＿＿＿＿＿＿
＿＿＿＿＿＿＿＿＿＿＿＿＿＿＿＿＿＿＿＿＿＿＿＿＿＿＿＿＿＿

# 一个话题可以延伸出十个话题

很多人在交流过程中不知道该说什么，感觉自己的兴趣面窄，能说的话题不多。其实，健谈之人也不过是从一个话题中衍生出十个相关话题而已。只要稍微动一下脑筋，你也可以做到口若悬河，令人听得有滋有味。

戴尔·卡耐基曾经指导一群美国商人学员在巴黎练习演讲，演讲的主题是"成功之道"。结果大多数人只是讲了勤奋、坚持、节俭等几种抽象的成功品质。

戴尔·卡耐基对此批评道："请记住，世界上最有趣的事情，莫过于经过升华后的凝练而动人的轻松畅谈。所以，请告诉我们你所认识的两个人的故事，讲述一下为什么其中一位成功，而另一位失败。我们很高兴听这样的故事，会牢记它并很可能从中受益。"

在他的启发下，有位学员开始讲述自己两位同学的经历。一位对生活怨天尤人，25年后依然做着没有前途的小职位。另一位则抓住纽约世界博览会的机遇展示自己，被一家不错的企业高薪聘用。令卡耐基和其他学员惊讶的是，这位学员平时对短短3分钟的演讲都头疼不已，这次居然津津有味地讲了10分钟。

由此可见，只要动脑筋观察自己的生活，你永远不缺乏可以讨论的话题。日常生活中会遇到很多的人与事，假如你稍微回忆和整理一下，就能用一个话题带出更多的话题。到那时，你也可以将这些亲历的事迹娓娓道来。沟通对象很难不被这种最个性化且富有人情味的生活素材所吸引。

**欠佳的表达:**"关于他的故事讲完了。我知道的就这些,其他情况你们问再多我也不清楚。"

**正确的表达:**"关于他的故事讲完了。你们有没有兴趣知道那个帮过他的旅客是后来的谁?"

用某个话题引出更多新话题是促进高效沟通的好办法。但在操作过程中,我们还要注意处理好一些技术细节。

首先,你所叙述的话题最好有具体的人名(或者化名)。匿名的故事会给听者一种虚假的感觉,而有姓名出现的故事至少听起来更为真实。听者的自我代入感会更加强烈。

其次,在话题中增加关于细节的讨论,让内容显得更加生动充实,便于引导听者的联想。当然,重视补充细节不等于滥用细节。假如一味地在细节上展开新话题,就可能偏离原先的对话主题,到头来反而降低了对话效率。

## » 沟通问题的自我检查 » » » » » » » » » » » » » » »

在下表中选择你认为符合自身情况的描述,在其前面的括号里打"√",每空1分,最高5分,最低0分。得分越高,说明你需要改进的细节越多;反之,则说明你有比较良好的沟通习惯。

| ( ) | 1. 讨论同一个话题时也说不出太多东西。 |
|---|---|
| ( ) | 2. 由于知识储备不足,害怕聊几句就暴露水平。 |
| ( ) | 3. 为了卖弄,将自己不熟悉的话题胡扯一通,反而给对方留下不好的印象。 |
| ( ) | 4. 当别人从一个话题里延伸出更多话题时,会完全被带入对方的节奏。 |
| ( ) | 5. 不懂怎样延伸话题,导致自己很快失去谈资。 |

◎ 场景练习

E 教授听到自己的学生抱怨研究课题难做，询问了情况。那位学生当初报课题的时候选了一个很冷门的研究方向，学术界内没多少成果，参考文献也相对匮乏。但 E 教授觉得这个课题很有价值，只是学生的思路有点狭窄。

假如我是那位学生，会这样诉说难处：＿＿＿＿＿＿＿＿＿＿＿＿＿＿＿＿＿

＿＿＿＿＿＿＿＿＿＿＿＿＿＿＿＿＿＿＿＿＿＿＿＿＿＿＿＿＿＿＿＿＿＿＿

假如我是 E 教授，会这样启发学生：＿＿＿＿＿＿＿＿＿＿＿＿＿＿＿＿＿＿

＿＿＿＿＿＿＿＿＿＿＿＿＿＿＿＿＿＿＿＿＿＿＿＿＿＿＿＿＿＿＿＿＿＿＿

## 顺着对方感兴趣的内容说，然后再绕回自己的话题

想要让对方愿意跟你深谈，就顺着他感兴趣的内容来说。但你最终要设法回到自己想说的话题上，否则沟通就会变成单纯的闲聊。

美国纽约大学心理学家布兰妮·菲茨西蒙斯曾经在机场候机室做了一项心理学实验。实验结果显示：如果用"关于你朋友的问题"提问，大约有52.9%的人表示愿意继续配合调查；如果用"关于你同事的问题"提问，仅有18.8%的人表示愿意继续配合调查。造成这个差异的主要原因是，人们在说起关于自己朋友的事情时心情会放松，对提问者的印象更好。

日本沟通专家内藤谊人根据这个心理学实验总结出一个沟通技巧："如果想和对方成为朋友，就应该首先从对方感兴趣的话题入手。话题可以是朋友喜欢的明星和电影。在唤起对方的好感后，就让对方慢慢地融入语境中，进而投入自己想说的话题。"

这种策略的关键在于，巧妙设置对方感兴趣的语境，再将沟通对象逐步引导到对自己有利的对话方向。

欠佳的表达："你这周末有空吗？我想约你一起去×××公园玩。"

正确的表达："上个周末你跟朋友去哪里玩了吗？×××公园！听起来很

有意思啊！这周末咱们一起去吧。"

严谨的对话准备工作包含三个步骤：（1）确定你想要的结果；（2）找出关联性；（3）明确要点。

"确定你想要的结果"就是搞清楚自己想从对话中得到什么；"找出关联性"则是让你思考沟通对象为什么一定要听你说这些内容；"明确要点"指的是你想在重要的语句中传达什么样的信息。把这三个问题考虑清楚，对话准备就不会出什么大纰漏了。执行的关键就是"找出关联性"。

你不能直接把想法灌输给别人，而是先想办法让对方重视你的发言。为了得到自己想要的结果，你必须照顾沟通对象的喜好，顺着他们感兴趣的内容交流。这是一个"以迂为直"的古老智慧，通过满足对方的需要来解除其抵触情绪，最终让他们把你想表达的要点听进心里去。

"找出关联性"的具体做法是问自己几个问题。比如，说什么样的内容才能吸引他们的关注焦点？你的话能让他们收获什么、失去什么？你的话对他们有哪些直接间接的利害关系？按照这些问题来设计你的讲话，把听者感兴趣的信息融入其中。古今中外的对话高手都是这样做的。

» **沟通问题的自我检查** » » » » » » » » » » » » » » » »

在下表中选择你认为符合自身情况的描述，在其前面的括号里打"√"，每空1分，最高5分，最低0分。得分越高，说明你需要改进的细节越多；反之，则说明你有比较良好的沟通习惯。

| ( ) | 1. 知道对方喜欢什么话题，但自己不感兴趣，于是懒得说。 |
| --- | --- |
| ( ) | 2. 想讨论对方喜欢的话题，但不知道该怎么开头。 |
| ( ) | 3. 没弄清对方最看重什么内容，讲了半天也没找准他的兴趣点。 |
| ( ) | 4. 围绕对方感兴趣的话题讨论了很久，但忘了自己本来想说什么内容。 |
| ( ) | 5. 不能顺利绕回自己想说的话题，结果变成单纯陪人聊天。 |

◎ 场景练习

　　F先生是一名社会工作者。这天他接受委托去帮助一位单亲家庭出身的问题少年。那位少年非常不配合，只是埋头拼装飞机模型。无论F先生说什么，他都装作没听见。

假如我是F先生，会这样让对方开口：＿＿＿＿＿＿＿＿＿＿＿＿＿＿

＿＿＿＿＿＿＿＿＿＿＿＿＿＿＿＿＿＿＿＿＿＿＿＿＿＿＿＿＿＿＿＿

当少年沉浸在他感到新奇的话题中时，我会这样切入主题：＿＿＿＿＿＿＿

＿＿＿＿＿＿＿＿＿＿＿＿＿＿＿＿＿＿＿＿＿＿＿＿＿＿＿＿＿＿＿＿

## 第六章

## 让对方更容易听懂的三点式表达

　　不妨回想一下，那些跟你特别聊得来的人，是不是发言简明清晰，让你一听就能心领神会？再回想一下，他们在对话中是不是有明确的中心思想和分论点？当你认真回味之后，就会明白为什么跟他们对话的效率那么高了。有的人虽然健谈，但讲话总是说不到点子上，经常给人不知道想表达什么意思的感觉。这很容易让对方立刻中止谈话，不再愿意跟他沟通。

　　如何让沟通对象更明白你的意思是一门很实用的口才艺术。你之所以表达得含糊不清，是因为把问题想复杂了，让大量无效信息遮住了最该突出的重点。假如采取三点式表达法，我们就能让自己的遣词造句更加条理分明、逻辑严谨，让对方一听就懂。这是一种以简驭繁的对话技巧，可以有效增强我们的表达效果。

# 事前告诉对方：我要说三点

发言没有重点是对话效率低下的常见原因之一。如果你想让交流变得更加顺畅，就得让沟通对象明白你说话的重点在哪里。最好能把所有的信息归纳为三点。为什么偏偏是三点呢？

彼得·迈尔斯教授指出："我们要求你严格将中间部分的讲话归纳为三个要点，即使你确定至少有十七个要点需要阐述也得如此。为什么是三个呢？三是个广泛使用的数字。坦率地说，人们想要处理的事情大约是三类，容易学习、容易记住的事情也是三类。已有的研究发现大脑并不是像录像机那样不间断地记录数据，相反，它会将信息进行有意义的分类、切割。将你的数据切割为三类，这意味着你已经对所提供的信息进行了整理，用听众的大脑想要加工的方式进行了整理。"

人的大脑处理信息的速度有限，在短时间内很难完全记住和理解三个以上的要点。没有事先说明的话，你说的十多个要点他们也只记得住三个。

日本沟通专家八幡纰芦史先生对三点式对话技巧非常有研究。他认为，想要缜密而快速地回答对方的问题，就先表示自己接下来要说三点，然后从"第一点是……"依次说到"第三点是……"。这样做的好处是让对方觉得你思路清晰、胸有成竹。更重要的是，当你强调"有三点"后，沟通对象会下意识地认真听。

欠佳的表达："接下来我要讲三点，第一点是……此外，还有……那是我要说的第三点，现在讲第二点……"

正确的表达："接下来我要讲三点，第一点是……第二点是……最后是第三点……"

从上述案例可知，三点式表达是化繁为简的有效策略。

对此，彼得·迈尔斯教授建议"无论你要说什么，无论你说的内容多复杂，创造一个三要点的结果。人们在短短十五分钟的谈话里，不可能跟得上七或十二个要点的演讲结构。向听众以及你自己说明三要点，听众和你都能清晰地知道演讲内容。"

三点式表达不仅能把你准备的长篇大论展示得更加明白易知，也能帮助你在准备不足的慌乱局面中稳住阵脚。

也许你在对话压力下突然变得大脑一片空白，但这时候冷静地强调"有三点"，可以让自己镇定下来，接着用干脆果断的语气从第一点开始慢慢说。这个技巧最关键之处在于以坚定的语气说"有三点"。

» 沟通问题的自我检查 » » » » » » » » » » » » » » »

在下表中选择你认为符合自身情况的描述，在其前面的括号里打"√"，每空1分，最高5分，最低0分。得分越高，说明你需要改进的细节越多；反之，则说明你有比较良好的沟通习惯。

| ( ) | 1. 漫无边际地发言，没有清晰的重点。 |
|---|---|
| ( ) | 2. 试图罗列一、二、三点，但第一点说得太多，其他小点草草收尾。 |
| ( ) | 3. 发言太冗长，到后面记不起自己说到第几点。 |
| ( ) | 4. 老觉得自己没说清楚，于是又追加了四、五、六小点。 |
| ( ) | 5. 不懂怎样归纳要点，说着说着就跑偏了。 |

◎ 场景练习

A 先生是一位企业管理顾问，正在给某公司各区域的渠道经理做培训。这些渠道经理大多是一线销售员出身，做事就讲效率，但不太重视新知识的学习。他们多次向公司抱怨培训老师讲课没有重点，也没什么实际用处。

假如我是渠道经理，会这样抱怨：_____

_____

假如我是 A 顾问，会这样突出培训重点：_____

_____

## 用三个理由表明态度，无须滔滔不绝

谁都不喜欢听废话，尤其是在已经弄明白意思的情况下，我们会非常厌烦对方继续讨论这个已有结论的话题。解释过多只是浪费口水和时间，只要把自己的态度表达到位就好，没必要反复纠缠。

交流通常包括四个基本要素：内容、编译、传达、解析。内容就是你想表达的想法，编译就是把你想表达的信息转换成语句，传达就是通过对话或其他方式展示这些信息，解析就是对方解读你传达的信息。在这个过程中，我们的脑子会被大量其他信息干扰，从而影响编译、传达、解析的效果，导致对话效率降低。

特别是在传达环节，我们需要借助充分的理由来说明自己的真实意思。但人们讨厌冗长而混乱的说明方式，因为那样不利于理解你的理由。

我们该怎么做呢？八幡纰芦史先生给出了很好的建议。他说："将理由总结为三点。只有三个理由的话，对方就会很容易产生听下去的欲望，也不会有对话内容太少的感觉，而且容易记住。有人认为，人类在无意识中能记住的事情只有三件，四件或五件甚至以上就需要有意识地进行记忆了。"

也就是说，如果我们学会只用三个理由来说明自己的观点，就能让对方更轻松地记住和理解，不需要刻意花更多脑力去思考与记忆。这无疑对沟通双方都很便利。

欠佳的表达："首先，我们这样做符合业内的习惯……当然，也有反馈意见说对这种策略表示抗议……除此之外，还应该考虑这个方面……"

正确的表达："我的第一个理由是……第二个理由是……第三个理由是……"

从上述案例可知，我们应该树立一个观念：说明并不是越详细越好。如果说明过于详细，沟通对象很难在对话中马上理解你想表达的内容，他们可能在过后仔细回味时才能琢磨明白，这无疑对沟通效率有不小的负面影响。尽管我们内心深处都有向对方分享全部观点的冲动，但在实际的对话中，面面俱到地展示信息反而不利于提高对话效率。

用三个理由说清一个问题的对话技巧，是三点式表达法的一条重要法则。它能带你走出这个误区，在帮你节约口水的同时，用更合理的编译方式与传达方式向沟通对象提供更便于解析的信息。

所以，我们在对话中一定要牢记，让对方接收起来轻松的表达方式才是高效的表达方式。

» 沟通问题的自我检查 » » » » » » » » » » » » » » »

在下表中选择你认为符合自身情况的描述，在其前面的括号里打"√"，每空1分，最高5分，最低0分。得分越高，说明你需要改进的细节越多；反之，则说明你有比较良好的沟通习惯。

| （   ） | 1. 过多纠缠已经解释得足够清楚的话题，导致对话效率降低。 |
| --- | --- |
| （   ） | 2. 遣词造句有太多重复累赘的内容。 |
| （   ） | 3. 想重点强调某个观点，但仅仅是生硬地重复之前的发言。 |
| （   ） | 4. 列举的理由太少，对话缺乏说服力。 |
| （   ） | 5. 列举的理由过多，让对方感觉是在做无用功。 |

◎ 场景练习

　　B 小姐是博士研究生，正在面临最后的论文答辩。答辩组的教授提出了一个问题来质疑她。B 小姐对这个问题深有研究，但她的观点与主流意见相反，一开口就让全场哗然。接下来，她将阐明自己的理由。

假如我是 B 小姐，会对教授的质疑表示：＿＿＿＿＿＿＿＿＿＿＿＿＿＿＿＿＿
＿＿＿＿＿＿＿＿＿＿＿＿＿＿＿＿＿＿＿＿＿＿＿＿＿＿＿＿＿＿＿＿＿＿＿

当第一个理由被否定时，我会这样说：＿＿＿＿＿＿＿＿＿＿＿＿＿＿＿＿＿＿
＿＿＿＿＿＿＿＿＿＿＿＿＿＿＿＿＿＿＿＿＿＿＿＿＿＿＿＿＿＿＿＿＿＿＿

## 按照"结论—理由—结论"三个步骤来表述

现在的人普遍没有耐心听长篇大论，所以你最好能在最短的时间内表明自己的观点。一种比较高效的表达方式就是先说结论，再细说理由，最后再次强调结论。这个表达顺序有什么讲究呢？

你心里装了很多话，想让沟通对象都知道，于是按照自己的逻辑从头说起。然而，并不是每一位沟通对象都有良好的耐心听你讲述种种琐碎之事。他们更希望你直接告诉他们"你希望我怎么做"或者"你的结论是什么"。双方的心思有很大差异，这是大部分对话效率不高的根本原因。

可能你也有过这样的经历：一开始有兴趣听别人讲话，想知道"他在说什么"，听着听着，脑子里产生了诸如"所以呢""然后呢"的疑问，最后不耐烦地抱怨"你到底想说什么"。对方的发言前置内容太多，消磨了你的时间，却半天不提结论。这样就迫使你不得不花更多的精力去思考对方的真实意思。面对这样费时费力的沟通，发牢骚才是常态，不发牢骚是修养好。

所以，日本沟通专家八幡纰芦史提议用"结论—理由—结论"的表达方式进行对话，以免交谈对象在听你"娓娓道来"时不断积累烦躁情绪。

欠佳的表达："中国女足在比赛开始后不到 5 分钟就完成了第一脚射门。这是在禁区外的一脚远射，稍稍高出了球门，把对方的守门员吓得一身冷汗。比赛进行到第35分钟，中国队获得了一个任意球机会。进球了！"

正确的表达："这场比赛的最终结果是中国女足以2：0的比分取胜，拿到了宝贵的3分，暂时排在小组第一名，出线形势大好。当选这场比赛最有价值球员的是上下半场各进一球的前锋9号……"

由上述案例可知，先说结论的话，大部分人无论是否赞同都会想弄清楚你的结论是怎么来的，你就能顺理成章地继续说下去了。说完理由后再次陈述结论，就能让对方产生"原来如此"的感想并进一步记住你的结论。

为了更好地运用这种表述方式，八幡纰芦史先生建议："首先，在对话开始的时候不管怎么样都说出'是……'引出结论。在说完结论之后立刻接上'会这么说是因为……'在这里千万不能犹豫，衔接的流畅度是非常重要的。不断开动大脑回转度的你一定能想到一个理由。此时将你脑中浮现的理由冷静沉着地说出来。说完理由之后，还要加一句'因此……'，要很快地接在理由的后面。然后再一次将你的结论说出来。把'是……''会这么说是因为……''因此……'这三个句式当成你的习惯。"

» ☐ 沟通问题的自我检查 » » » » » » » » » » » » » » » »

在下表中选择你认为符合自身情况的描述，在其前面的括号里打"√"，每空1分，最高5分，最低0分。得分越高，说明你需要改进的细节越多；反之，则说明你有比较良好的沟通习惯。

| | |
|---|---|
| （　） | 1. 对话时缺少明确的结论，搞得沟通对象一头雾水。 |
| （　） | 2. 给出了结论，但没有充分阐明理由，让对方感到迷惑。 |
| （　） | 3. 阐述的理由并不支持结论，甚至相互矛盾。 |
| （　） | 4. 论证时引用的数据和观点有错误，影响了结论的说服力。 |
| （　） | 5. 道理论述部分太冗长，对方听了很久才知道表达的观点是什么。 |

◎ 场景练习

　　C先生是一名新媒体编辑，负责运营公司的官方微博。这一天，领导让他赶紧写一篇长微博来评论关于春运的话题。考虑到社交媒体的阅读比较碎片化，读者经常没看完就急于发表意见，C先生选择了三点式表达的形式。

假如我是C先生，会这样表明观点：_____

_____

假如有读者感到不理解，我会这样解释：_____

_____

## 举三类案例，让对方有章可循

借助案例来论证观点是对话中的有力手段。特别是当你希望对方按照你的想法去做时，举案例要远比讲道理更加生动形象，更容易让他们弄懂具体应该怎么做。

高效对话离不开举例论证，因为这是一种非常简单有用的沟通手段。如果空讲大道理，对方可能似懂非懂，并不能马上知道该怎么做。正如法院审案时，一旦遇到没有相关法律法规条文的情况，就会寻找类似的司法判例作为审判参考。

因此，如果我们能为沟通对象提供现成的案例，就能让他们更清楚地领会我们的意图。

怎样举例的效果才好呢？这得从人们对案例的理解角度说起。

我们得知一个案例时，会不由自主地将它与某个道理或其他案例进行比较。动机无外乎寻找"三点"：对立点、不同点、相同点。对立点是指案例与对方讲述的内容截然相反，这是对话冲突中的主要诱因。不同点则能让我们清楚地看到不同案例之间的差异。而相同点的多少决定了我们对对方言论的接受程度有多高。

因此，我们可以选择三个不同类型的案例来辅助说明：一个用来展示对立点，一个用来展示不同点，最后一个展示相同点。

　　欠佳的表达："同类的案例有三个，第一个是……"
　　正确的表达："与之相反的案例有……有个我们竞争对手的例子是……有个相似的案例是……"

　　列举三类案例的表达方式，本质上是用对比的手法来增强说服力。在对话过程中，我们应该避免干巴巴地讲大道理，而应该通过对比三类案例来全面展示自己想表达的内容。

　　其中，展示对立点的案例包含了"如果没有……我们就会……"的潜台词，让平铺直叙的道理增加了紧张感和危机感。展示不同点的案例包含了"我比别人多一个……的特色"的潜台词，主要用于突出你的独特优势。展示共同点的案例则包含了"别人都……所以我们也应该……"的潜台词，可以让对方感觉此事得到了多数人的实践验证，值得信赖。

　　上述"三点"把事物的正面反面都讲到了，其叠加效果远比重复1000次同样的内容更加生动立体。

» 　沟通问题的自我检查　» » » » » » » » » » » » » » »

　　在下表中选择你认为符合自身情况的描述，在其前面的括号里打"√"，每空1分，最高5分，最低0分。得分越高，说明你需要改进的细节越多；反之，则说明你有比较良好的沟通习惯。

| （　） | 1. 用缺乏逻辑关系的案例来论证自己的观点。 |
| --- | --- |
| （　） | 2. 用已经被证明有错误的案例来论证自己的观点。 |
| （　） | 3. 用捏造的案例来论证自己的观点。 |
| （　） | 4. 自己列举的案例有时候反而证明了对方的观点。 |
| （　） | 5. 自己列举的不同案例本身存在冲突。 |

◎ 场景练习

　　D 小姐是气象学博士，经常在互联网上发一些关于天气知识的科普小短文。当网友嘲讽"五十年一遇的灾害天气"只是在中国才经常出现时，她打算告诉大家，这种说法误解了气象学。

假如我是 D 博士，会这样举例：＿＿＿＿＿＿＿＿＿＿＿＿＿＿＿＿
＿＿＿＿＿＿＿＿＿＿＿＿＿＿＿＿＿＿＿＿＿＿＿＿＿＿＿＿＿＿＿＿＿

假如别人觉得案例缺乏说服力，我会这样回应：＿＿＿＿＿＿＿＿＿＿＿
＿＿＿＿＿＿＿＿＿＿＿＿＿＿＿＿＿＿＿＿＿＿＿＿＿＿＿＿＿＿＿＿＿

# 用三个视角做对比，增强你的说服力

学会多角度看问题是提高眼界的重要途径。在沟通过程中，如果你能从多个视角切入，就能让对方更加理解和认同你的观点。然而这个表达技能恰恰不容易练成。

多角度看问题是对话高手的必备素质，那能让你更灵活地组织说辞，更全面地掌控对话。不过，角度也不是越多越好，尤其是那些立场对立的角度，过分关注则容易搞不清方向。那么，我们采用多少个视角比较合适呢？日本沟通专家八幡纮芦史先生建议大家从立场、场所和时间三个视角来思考事物，根据具体的对话需要进行改变。

首先是转变关于立场的视角，也就是把自己的立场暂时切换成对方的立场。这样做的好处是你避免"站着说话不腰疼"的浮躁心态，并改掉想法中的偏激成分。比如，把我们单位的视角换成合作单位的视角，把部下的视角切换到上级的视角。

其次是转变关于场所的视角，也就是把目前所处场所的视角切换到另一个场所的视角。比如你向总公司提建议前要换位考虑其他分公司的处境，而不是只看自己所在的分公司情况。

最后是转变关于时间的视角，也就是注意讨论的内容发生在过去、现在，还是未来，用发展的眼光和历史的眼光看问题。这样有助于实事求是地看清每个发展阶段的特点，提出更中肯的建议。

**欠佳的表达**："从我的角度来看，你只是在为自己找借口罢了。"

**正确的表达**："从对方的角度看……如果我们在那个位置的话……按照过去的眼光来看……"

除了从上述三个视角看问题外，三点式表达法倡导从三个角度检查自己的发言。这三个角度分别是"想要做""能够做"和"必须做"。

"想要做"强调的是你的做事动机（或者说本心）。没有热情的就是不想做，有积极性的就是"想要做"。己所不欲，勿施于人。你自己都不想做的事情是无法说服别人接受的。

"能够做"强调的是你完成目标的能力。所有的沟通对象都不喜欢空头支票。如果你是心有余而力不足的情况，他们不会相信你的任何承诺。

"必须做"强调的是做这件事的价值。无论做什么事都会付出代价（时间、精力、金钱等），假如你想做且能做的事情没有价值，就无法说服自己去做，更别提说服别人了。

在沟通过程中，我们可以运用这三个角度来检验自己的表达是否具备足够的说服力。不然的话，很难取信于人。

» 沟通问题的自我检查 » » » » » » » » » » » » » » »

在下表中选择你认为符合自身情况的描述，在其前面的括号里打"√"，每空1分，最高5分，最低0分。得分越高，说明你需要改进的细节越多；反之，则说明你有比较良好的沟通习惯。

| （　） | 1. 只能从一个角度看问题。 |
|---|---|
| （　） | 2. 武断地否定别人提出的不同视角。 |

续表

| ( ) | 3. 只能从自己的切身体会来组织语言，不能理解对方的感受。 |
| --- | --- |
| ( ) | 4. 接触到对方提供的新角度时，不假思索地推翻自己原先的观点。 |
| ( ) | 5. 尝试使用多个视角分析问题时，自己把自己绕糊涂了。 |

◎ 场景练习

E先生是部队的宣传部干事，上级领导让他做一期纪念东北抗日联军的专题。E干事注意到，现在的年轻人不喜欢那种突出英雄高大全形象的传统宣传思路。于是他另辟蹊径，改变了宣传手法。

假如我是E干事，会从抗联先辈趣闻的视角展开叙述：_____
_____

当读者不了解当时的艰苦环境时，我会用当代青年的生活来类比：_____
_____

## 做好回答三个疑问的准备，对话效率才更高

只要你表达出自己的观点，就难免会遭到对方的质疑。为了不被质疑轻易击倒，你在发起对话前应当做好回答问题的准备。

彼得·迈尔斯教授曾说："无论你的演讲多好，只有在问答环节人们才能发现真正的你。听众会根据你在问答环节的表现对你做出关键的评判。"

无独有偶，日本沟通专家八幡纴芦史先生也高度重视沟通中的问答环节。他甚至相信，只要能回答三个问题就能说服任何人。这三个问题分别是：

1. "为什么？"该问题用于揭示事物之间的因果关系。

2. "例如？"通过举例来论证你的观点。

3. "真的是这样吗？"通过展示你的价值判断基准让对方信服你的观点。

我们不妨回想一下，自己跟别人沟通不顺利的时候，是不是卡在这三个问题中的某一个上？比如，沟通对象认为你没回答好"为什么"的问题，没有足够的说服力证明你的言行是正确的。如此一来，他自然也就选择跟你针锋相对了。另外两个问题也同样会影响对话的效率。

欠佳的表达："你问的这些东西，我已经重复过八百遍了，恕我不再赘述。"

正确的表达："你这三个问题提得好，我将逐一回答。"

那么，该如何准备回答对方的提问呢?

对此，彼得·迈尔斯教授提供了一些为问答环节做准备的技巧：首先列出"听众最有可能提出的十大问题""你最害怕回答的十大问题"，并自行回答，然后再将答案在那些给你反馈的人面前进行预演。

如果没有人主动提问怎么办? 彼得·迈尔斯教授的建议是："如果没有人提问，那么就问自己一个事先有准备的问题。稍作停顿之后，你可以这样说：'你们可能会提这样一个问题……'或'人们经常会问我这样一个问题……'或'大家可能想知道……'，然后就回答自己提出的问题。"

这样做不仅能打破冷场的尴尬，还有助于引导对方提问或者顺利进入对话的下一个环节。

» 沟通问题的自我检查 » » » » » » » » » » » » » » »

在下表中选择你认为符合自身情况的描述，在其前面的括号里打"√"，每空1分，最高5分，最低0分。得分越高，说明你需要改进的细节越多；反之，则说明你有比较良好的沟通习惯。

| ( ) | 1. 并不会认真准备应对沟通对象可能提出的疑问。 |
| --- | --- |
| ( ) | 2. 有时候被对方的疑问塞得理屈词穷。 |
| ( ) | 3. 由于无法正面解答对方的疑问而变得恼羞成怒，主动中断对话。 |
| ( ) | 4. 回答提问时顾左右而言他，引起沟通对象的不满。 |
| ( ) | 5. 不能解答对方的疑惑，甚至自己也陷入了同样的困惑。 |

◎ 场景练习

F女士是某单位的新闻发言人，正在新闻发布会上接受各大媒体记者的提问。有位记者用一则不实传闻来要求她做出正面回应。F女士知道这则虚假消息在媒体中产生了很大的影响，需要设法澄清。

假如我是 F 女士，会这样评价那则传闻：_____

_____

当对方继续纠缠这个话题时，我会这样说：_____

_____

## 第七章

# 你的措辞决定对话氛围的冷热

　　宜人的气候会吸引越来越多的人来此定居，不宜人的气候则会令人避之唯恐不及。对话氛围也和居住气候一样，对沟通效率有着直接而深刻的影响。我们在交流过程中往往会下意识地去营造某种对话氛围，可能是令人捧腹大笑的轻松氛围，也可能是令人不敢嬉戏的严肃氛围。在氛围的烘托下，说者的语言会变得更加直入人心，听者也会不由自主地专注聆听。

　　想要营造良好的对话氛围，关键在于我们的措辞。我们经常说"×××不会说话""×××一开口就激怒全场""×××的语气让人不爽"，都是措辞不当造成的。措辞可以带来"三冬暖"，也能招致"六月寒"，让对话双方的心理状态不断随之变化。毫不夸张地说，从一个人的措辞态度就能判断出他和别人的对话效果如何。

## 使用有力量感的措辞

　　话语能打动人心是沟通效率高的一种表现。要做到这点，就要好好组织措辞。一条宝贵的经验是使用具有力量感的措辞。这样做利于我们把自己的观点送进对方紧闭的心房。

　　彼得·迈尔斯教授在斯坦福大学沟通课里提出了一个"坡道"理论。所谓"坡道"就是你刚开始说的那几个句子，也即是开场白。在他看来，说话就像是跳台滑雪。只有跳台的坡度足够高的时候才能把滑雪运动员推送到一个更高的水平，说话要充满力量感，才能让听众感受到对话的重要性。唯有如此，沟通对象才会优先关注你的发言，共同进入高效对话的开端。

　　听者最爱听也最重视的是跟自己直接相关的内容。假如这些内容里有与个人日常生活挂钩的"感性数字"支持，他们就会很快将注意力转移至此。接下来，你可以主动引导沟通对象去想象一下失去某种东西的不利局面。诸如此类的措辞会给人带来震撼，让对方无法再抱着隔岸观火的心态看待你的发言，真正意识到自己的选择将产生举足轻重的结果。毫无疑问，你的话已经一举触动了他们的内心。

　　**欠佳的表达：**"我对这个情况不太确定，也不知道是否行得通。尽管我觉得自己提出的并不是什么好主意，但我希望你能耐心听我说。"

正确的表达："根据大数据显示，使用这种方法的上班族可以提高25%的工作效率，并且节省出至少15%的业余时间用来休闲或充电。"

由上述欠佳的表达可知，过分谦卑的说辞缺乏力量感，会给人一种太不自信的负面印象，应当减少使用。此外，我们在表达愤怒的时候很容易自发地使用充满力量感的词汇。但这种词汇很可能带着伤人的锋刃，让沟通对象感到悲愤不已，从而丧失跟你对话的信心，甚至反目成仇。为了避免这种情况，我们应该学会正确地表达愤怒。

马歇尔·卢森堡博士认为，抨击他人无法向对方传达我们的真实心声，想要充分表达愤怒就不要老惦记着对方的不是，而应该将注意力集中在自己的感受和需要上。他在《非暴力沟通》中提供了一个有用的策略：

第一步：停下来深呼吸，什么都不做；

第二步：回想一下自己为什么要生气；

第三步：体会自己此刻真正需要的东西；

第四步：向对方表达自己现在的感受，以及未被满足的需要。

当然，在做后两步之前，我们最好先倾听一下对方的感想。这样能让他们的心情逐渐平静下来，愿意倾听你想表达的内容。按照这四步来表达自己的愤怒，你就不至于使用过激的描述，并能把词语的力量控制得恰到好处。

» 沟通问题的自我检查 »  »  »  »  »  »  »  »  »  »  »  »  »  »  »  »

在下表中选择你认为符合自身情况的描述，在其前面的括号里打"√"，每空1分，最高5分，最低0分。得分越高，说明你需要改进的细节越多；反之，则说明你有比较良好的沟通习惯。

| （　　） | 1. 对话时的措辞平淡无奇，甚至让沟通对象感觉味同嚼蜡。 |
| --- | --- |
| （　　） | 2. 不善于运用成语、歇后语、流行用语，重复啰唆的口水话说得太多。 |

续表

| | |
|---|---|
| （　） | 3. 措辞缺乏真情实感，无法让对方产生共鸣。 |
| （　） | 4. 措辞有冲击力，但是语气尖酸刻薄，激起对方的反感。 |
| （　） | 5. 表达自己的不满时态度粗暴，对方不是被吓坏就是用更狠的话还击。 |

◎ 场景练习

　　A女士是大学女子足球队的教练，正在带队打联赛。在上半场，队员们状态不佳，一名中后卫两次失误，被对手连灌两球。现在是中场休息时间，A教练见大家萎靡不振，想说点什么让她们重新振作，特别是那个中后卫。

假如我是 A 教练，会这样给队员打气：＿＿＿＿＿＿＿＿＿＿＿＿＿＿＿

＿＿＿＿＿＿＿＿＿＿＿＿＿＿＿＿＿＿＿＿＿＿＿＿＿＿＿＿＿＿＿＿

我会这样鼓励中后卫：＿＿＿＿＿＿＿＿＿＿＿＿＿＿＿＿＿＿＿＿＿

＿＿＿＿＿＿＿＿＿＿＿＿＿＿＿＿＿＿＿＿＿＿＿＿＿＿＿＿＿＿＿＿

## 柔软对话让沟通更顺畅

以柔克刚不仅是中国传统哲学的一大特色，也是高效对话的重要指导思想。除了需要让沟通对象猛然惊醒的场合外，温柔的话语总是比强硬的措辞更得人心。怎样才能让对话变得更加"柔软"呢？

一个残酷的事实是，我们不可能一辈子生活在没有任何纷争的环境中，磕磕绊绊是不可避免的，谁都有过跟别人吵架的经历。假如我们使用强硬的口吻跟别人对话，很可能激化双方矛盾，导致沟通无法进行。

乔治·汤普森博士曾经做过警察。他35岁进入警察队伍时，很快注意到自己不如同事们那么善于说服对方。为此，他潜心学习、认真总结，后来创立了"柔软对话"沟通学。

那么怎样舍弃生硬的沟通方式，使用"柔软对话"来赢得对方的好感呢？对此，乔治·汤普森博士为我们提供了一条重要经验——不要理会内心的声音。他指出："你可能在心里咆哮着自己真正想说的话，但是高效交流的黄金定律之一就是永远不要把自己心里真正想的脱口而出。因为内心的声音几乎永远都是负面的。你要不计任何代价地控制住自己的舌头，这样才能永远都处于领先的位置。"

在遇到摩擦时，我们内心会感到生气，脑子里浮现出来的是抱怨的话，但不一定真正说出口。有的人控制不住自己，把心中的狠话倾泻出来，导致对话走向了无法扭转的失败。

欠佳的表达："爸爸，我想买一辆车，同学们都有车了，就我一个没有。"

正确的表达："爸爸，我发现您最近经常出差，但没人到机场接您。我去考驾照，您能给我买辆车方便我以后去机场接您吗？"

由上述案例可知，转移沟通对象的关注点是柔软对话成功的第一步。乔治·汤普森博士将其称为"移情"原则。他说："作为柔软对话的创始人，我也惊讶于交流可以如此简单直白。只要真正地学习到最根本的原则，你根本都不用去将训练中所有的大小点滴都记下来。我将安慰人们、使人们冷静下来时所使用的语言称为安心语言。要想使一个人冷静下来，我们可能有几百种办法，但是我相信在这所有的技巧背后，只有一个最根本的原则。这个原则由三个词组成——移情、消解、紧张。"

无论你使用什么样的安抚技巧，只要能让对方"移情"，就能消解他们的对抗情绪或不安情绪。对话必须紧扣这个原则，才能获得良好的效果。

» 沟通问题的自我检查 » » » » » » » » » » » » » » »

在下表中选择你认为符合自身情况的描述，在其前面的括号里打"√"，每空1分，最高5分，最低0分。得分越高，说明你需要改进的细节越多；反之，则说明你有比较良好的沟通习惯。

| （ ） | 1. 说话时总是快人快语，不太在乎对方怎么看自己。 |
| --- | --- |
| （ ） | 2. 一不高兴就放出狠话来，也不管是否会伤害对方的感情。 |
| （ ） | 3. 觉得温柔的说话方式有点拍马屁的嫌疑，所以喜欢粗犷的表达方式。 |
| （ ） | 4. 尽管自己是出于好心，但别人总说自己是"刀子嘴"。 |
| （ ） | 5. 在对话中逆来顺受，措辞不敢太强硬。 |

◎ 场景练习

　　B女士是一位大学辅导员。某位学生因为打架被学校处分，后来经常旷课。B辅导员经过调查了解后发现此事可能另有内情，于是想找那位学生谈一谈，弄清楚事情的真相。

假如我是B辅导员，会这样对学生说：＿＿＿＿＿＿＿＿＿＿＿＿
＿＿＿＿＿＿＿＿＿＿＿＿＿＿＿＿＿＿＿＿＿＿＿＿＿＿＿＿＿＿

假如学生对我的话将信将疑，我会这样说：＿＿＿＿＿＿＿＿＿＿
＿＿＿＿＿＿＿＿＿＿＿＿＿＿＿＿＿＿＿＿＿＿＿＿＿＿＿＿＿＿

# 人人都喜欢平等交流

现代人越来越倾向于超越身份和地位的平等对话，对那些居高临下、颐指气使的态度越发不能容忍。这令不少沟通对象怀着一颗玻璃心，很容易伤自尊，因此，你在对话时必须注意避免流露出多余的优越感。

高效对话的起点永远是平等交流。平等交流其实没有太多的秘诀，最根本的是怀着一颗尊重他人的心。尊重他人的人格，尊重他人对信息的解读。

约翰·R.斯托克先生在《真实对话》中写道："不管你掌握了多少有关别人的真实的消极数据，只要你向他们表达了你对他们本人、他们的行为或表现的指责，他们都会变得心存戒备。如果不重新建立相互之间的尊重的关系，对话是很难继续下去的。要想做出尊重别人的解读，以便和别人分享，你就需要自问自答一个'谅解对方的问题'，从而做出一个表示你认为对方'无过失'的解读。在提出这种问题的时候，需要在问题中添加一些积极的说明词或形容词，以帮助你对相关情况做出更加积极的解读。"

具体而言，我们可以在自己提出的问题中陈述事实，然后在回答中加入积极的解读，通过这种方式来体现对对方的尊重。这种对话技巧能避免我们变得盛气凌人，避免沟通对象产生抵触情绪。

欠佳的表达："我一直以为你是个忠实可靠的人，但你到现在还没有把我要求你今天中午之前要做完的报告给我。"

正确的表达："你答应了今天中午之前完成我需要的文件，但我现在没收到。（事实）我想，你是不是碰上了更加紧急的事情，所以把这件事推迟了？（解读）"

在正确的表达中，我们通过积极的解读来向对方消极的事实表示谅解。这等于给了对方一个承认错误或解释原因的台阶。而欠佳的表达方式带有明显的指责意味，开头陈述的积极的事实进一步衬托出对方不负责的马虎态度。显然，正确的表达比欠佳的表达更加尊重别人，效果也更显著。

乔治·汤普森博士说："我的规则是：平等对待每一个人（对他们要给足面子，也要真正尊重对方），但是不要对每个人都用一样的语言。既然每个个体都是独一无二的，那么基于他们的外在表现和性格，我们本能地需要学习怎样区别对待每个人。"

每个人都喜欢平等交流，希望在对话中一直得到尊重，特别是来自优势一方的尊重。如果我们能满足这种愿望，就能以更高的效率完成沟通。

## » 沟通问题的自我检查 »»»»»»»»»»»»»»»»»

在下表中选择你认为符合自身情况的描述，在其前面的括号里打"√"，每空1分，最高5分，最低0分。得分越高，说明你需要改进的细节越多；反之，则说明你有比较良好的沟通习惯。

| （ ） | 1. 和那些不如自己的人对话时，会无意中变得趾高气扬。 |
| --- | --- |
| （ ） | 2. 跟别人谈话时总是诚惶诚恐，生怕自己不小心说错了话。 |
| （ ） | 3. 经常不留情面地指出对方的不足，但如果有人对自己这么说话，自己会很生气。 |

| | |
|---|---|
| （　） | 4. 别人不喜欢自己审犯人式的语气，但自己觉得那是他们心理承受能力太弱。 |
| （　） | 5. 希望对方能一直认真听自己讲话，让自己好好表现一下口才。 |

◎ 场景练习

　　C先生是一名将军，此刻正在基层连队视察。由于他身着没有军衔的军装，一位炊事班的新兵请他帮自己搬筐子。后来，这位新兵遭到了炊事班长的责备。性格宽厚的C将军看到这种情况，让俩人一起坐下来聊天。

假如我是 C 将军，会这样对炊事班长说：_____

_____

我会这样跟那位新兵谈话：_____

_____

## 幽默是令人讨喜的艺术，但你未必用得好

幽默的措辞令人心情愉快。沟通对象会因为你的风趣而对你产生好感，变得更容易沟通。但有的人误把哗众取宠和嘲笑他人当成幽默，以致阻碍正常的交流。这一点不能不注意。

高效对话会让沟通双方感到相谈甚欢、相见恨晚，左右都是大快人心。其中一个常见特征是大家有说有笑，各自展现幽默的口才。因为幽默是快乐的催化剂，能让交流氛围变得更加轻松和融洽。这样一来，双方就能坦率而平和地对话，让沟通效率直线上升。

日本谈话专家内藤谊人先生说："一旦加入了有趣的讲话，我们就会不知不觉地去听讲。既然听了课，那么理所当然地对课程内容的理解程度也会提高。优秀的教师们是以有趣的讲话为诱饵，来吸引学生们听讲。总之，如果希望对方聆听你的讲话，最好的方法是将自己的讲话变得生动有趣。要撒播幽默的诱饵，将对方吸引过来。而且，若希望给对方留下深刻的印象，就要使自己的讲话变得富于幽默感。因为这将会给对方留下'嗯，真是个有趣的人，希望今后还能再见面'的印象。"

毫无幽默色彩的对话，会降低沟通的愉悦度。如果你觉得交谈很无趣，自然也就懒得继续说话或倾听。因此，对话高手无不善于用幽默来打开对方内心，

把话说到他们的心里去。

　　欠佳的表达："你们有三个毛病：懒散、酗酒、无所事事。要不要把你们平日的丑态发出来让大家乐一乐？"

　　正确的表达："每一位优秀销售员都有三个敌人，它们是懒散、酗酒和无所事事。我要恭喜你们，因为你们已经学会了包容你的敌人。"

　　幽默是一种令人讨喜的沟通艺术，但并不是所有人都能用好这门艺术。比如，不少人喜欢在交流过程中拿对方开一个并不好笑甚至有些伤人的玩笑，然后说"开个玩笑"。如果对方当场翻脸，他们会诧异地说"你怎么开不起玩笑"。这样的幽默实际上是以消遣对方为乐，自然不会让沟通对象对你有好印象了。

　　此外，另一种常见的误区是在对话中插入不相干的笑话。彼得·迈尔斯教授在斯坦福大学的沟通课上强调："如果笑话与你的主题无关，特别是在正式场合中，它会向听众释放这样的信号：接下来你讲的内容也与主题没什么关系。"

　　所以，我们在运用幽默技巧时，应该坚持两个原则：一是尊重听者，二是紧扣主题。如果不符合这两个标准，再让你觉得好笑的东西都不要放进对话中。

» 沟通问题的自我检查 » » » » » » » » » » » » » » » » »

　　在下表中选择你认为符合自身情况的描述，在其前面的括号里打"√"，每空1分，最高5分，最低0分。得分越高，说明你需要改进的细节越多；反之，则说明你有比较良好的沟通习惯。

| （　） | 1. 说的笑话并不会让人发笑，反而经常惹大家生气。 |
| --- | --- |
| （　） | 2. 经常用"开个玩笑"来掩饰自己说话不当的尴尬。 |
| （　） | 3. 大家说自己哗众取宠的样子让人很不舒服。 |
| （　） | 4. 开玩笑没有底线，以揭他人之短为乐。 |
| （　） | 5. 在严肃的场合依然把乱开玩笑当成个性。 |

◎ 场景练习

　　D 先生陪着朋友去酒吧参与了一场男女青年的联谊会。在联谊会上，有位男青年发表女人不应该出来工作的观点，让众位女同胞感到非常生气。其中，有位心直口快的女同胞当场噎得他下不了台，导致现在的气氛非常僵。D 先生本来不想多嘴，但还是决定用俏皮话来改变气氛。

假如我是 D 先生，会这样对那位男青年开玩笑说：＿＿＿＿＿＿＿＿＿＿
＿＿＿＿＿＿＿＿＿＿＿＿＿＿＿＿＿＿＿＿＿＿＿＿＿＿＿＿＿＿＿＿＿＿

接下来，我会笑着对那位女子说：＿＿＿＿＿＿＿＿＿＿＿＿＿＿＿＿＿
＿＿＿＿＿＿＿＿＿＿＿＿＿＿＿＿＿＿＿＿＿＿＿＿＿＿＿＿＿＿＿＿＿＿

# 摒弃攻击性语言，莫逞口舌之快

我们在交流过程中可能会因为种种原因产生摩擦，若是按捺不住火气就会上升为口角。很多对话都终止于某一方的攻击性语言，而出口伤人者只是为了逞一时的口舌之快，事后又懊悔不已。何不学会在事前就避免这个问题呢？

美国学者约翰·R.斯托克在其著作《真实对话》中提到了"不可谈论之事"的概念。那什么是"不可谈论之事"呢？

他解释说："我们将自己想到、感受到但不说出来的一切称为'不可谈论之事'。同样，我们也有一个外在的声音，其包含我们说出来的一切。因此，我们总是在进行着两个对话：一个对话是在我们的脑海中，另一个对话则出自我们的口。如果我们只听脑海中的声音，就听不到其他任何声音了。"

由此可见，"不可谈论之事"其实就是我们内心的真实想法。那些让攻击性语言脱口而出的人，正是被脑海中的声音所主宰，把脑中的对话直接反映到了嘴上的对话。这种逞口舌之快的交谈方式，无疑会给沟通对象带来很多困扰。

欠佳的表达："你参加同学聚会前，顺便把垃圾带出去吧。……什么？听着小子，你要是不把垃圾带出去，今晚就别想走出家门。"

正确的表达："你参加同学聚会前，顺便把垃圾带出去吧。……你还记得我们以前怎么约定的，你只用负责把垃圾带出去。我一直相信你是个遵守诺言的好孩子。"

怎样才能改变用攻击性语言逞口舌之快的恶习呢？科里·帕特森认为最关键的是"把大反派当成正常人"。他指出："如果发现你在对话中把对方视为险恶小贼，对他们肆意诽谤，你应当问自己一个问题，即一个理智而正常的人为什么会这样做呢？这个问题可以帮助我们把对方视为充满人性的人。在寻找这个问题的各种答案时，我们的负面情绪会逐渐淡化，以同情感取代苛刻的负面评价。回想我们粗暴对待他人的方式，我们的个人责任感会逐渐升华，摒弃浅薄的自我辩白。询问这样一个问题，目的并不是要为对方的错误行为寻找借口。如果他们的确有错，我们可以在今后找机会解决。"

» 沟通问题的自我检查 » » » » » » » » » » » » » » »

在下表中选择你认为符合自身情况的描述，在其前面的括号里打"√"，每空1分，最高5分，最低0分。得分越高，说明你需要改进的细节越多；反之，则说明你有比较良好的沟通习惯。

| | | |
|---|---|---|
| （ ） | 1. | 用脏话做口头禅。 |
| （ ） | 2. | 一言不合就向对方发起人身攻击。 |
| （ ） | 3. | 本身没有恶意，但语气充满火药味，让对方一听就恼怒了。 |
| （ ） | 4. | 经常使用诸如职业歧视、性别歧视之类的攻击性语言。 |
| （ ） | 5. | 给别人起带有污蔑性质的外号。 |

◎ 场景练习

E先生是一家影视公司的新媒体编辑，负责运营公司官方微博。这天，他发了一条关于公司出品电影的长微博，很快就有别家公司电影的狂热粉丝在评论里说脏话。E先生很生气，但又不能跟网友对骂，必须用更巧妙的方式来回击喷子。

假如我是 E 先生，会这样宣传公司的作品：_____
_____

我还将这样有理有节地回复喷子：_____
_____

## 善用比喻，让对方恍然大悟

抽象思维和形象思维对沟通都很重要。抽象思维不好的人很难把握对话内容的实质与要点，形象思维不好的人则很难让对方听懂自己的想法。用比喻的修辞方式来说话，可以化抽象为形象，令对方顿悟。

相对于文字，图像更易于被人们理解和传播。比喻能引导你在脑海中把抽象的语言转化为具象化的图像，这是它的魅力所在。

正如彼得·迈尔斯教授所说："比喻会呈现一幅语言画面。它使你能够看见你的想法，让你的语言更形象具体。大脑处理图像的速度是单纯处理文字速度的六万多倍，因此，一幅图画等同于六万多个文字。想象一下，在听众的脑海里保存一张图片，你会节省多少时间。"

比喻手法能激活你的右脑，让你的语言更加感性，直指人心。所以，人类从很早的时候就会运用比喻来理解那些复杂而难以描述的奥妙道理了。

当然，想要灵活运用比喻也并非简单之事。那些听起来有违和感的比喻，基本上都犯了运用喻体不恰当的错误。此外，用来做喻体的事物通常都来自人们的日常生活，越是妇孺皆知的东西，比喻的效果就越好。然而，很多人不善于观察生活，于是无法灵活而准确地运用喻体。

欠佳的表达：服务员介绍说："这道炸臭豆腐虽然有一股类似下水沟的天然腥臭，但吃起来味道很香。"这个比喻让用餐者有不好的联想，食欲顿时消失。

正确的表达：美国名将艾森豪威尔在一次战斗中派出一名军士去侦察敌情。军士回来后，他要求对方用最简单形象的方式描述当前形势。那位军士说："长官，您想象战场是一个面包圈，我们就是中间的那个洞。"

一个好的比喻能让对话事半功倍，一个坏的比喻可以让沟通双方产生争议甚至不欢而散。

对此，彼得·迈尔斯教授提醒道："用比喻要注意两个问题：避免使用毫无生气的比喻和陈词滥调。'像苹果和橘子'这样的话不是比喻，只是陈词滥调。这样的说法不仅不会帮到你，反而对你有害。还要注意的一点是，比喻的混合或在演讲中一次使用多种比喻。理想的情况是，你用一个总的比喻创造一幅令人难忘的视觉图片，然后你在余下的演讲中对它进行梳理。"

也就是说，我们不可以滥用比喻，最好能把自己的核心观点用比喻进行修饰，然后以此为支点来展开整个对话。

» 沟通问题的自我检查 » » » » » » » » » » » » » » » »

在下表中选择你认为符合自身情况的描述，在其前面的括号里打"√"，每空1分，最高5分，最低0分。得分越高，说明你需要改进的细节越多；反之，则说明你有比较良好的沟通习惯。

| ( ) | 1. 很少用比喻，不考虑对方是否难以理解。 |
| --- | --- |
| ( ) | 2. 本体和喻体没有可比性，缺乏说服力。 |
| ( ) | 3. 使用粗俗的比喻，令对方难堪。 |
| ( ) | 4. 使用不恰当的比喻，不但没说清楚问题，反而引发新的争议。 |
| ( ) | 5. 在对话中滥用比喻，缺少足够的直接说明。 |

◎ 场景练习

F女士是一名语文教师，正在给学生辅导作文技巧。那位学生写作文时总是会把开头写得很长，搞得文章总是虎头蛇尾。F老师指出其详略不当的毛病时，他还总是辩解说怕不能把事情讲清楚才写得那么详细。

假如我是 F 老师，会这样打比方：＿＿＿＿＿＿＿＿＿＿＿＿＿＿＿＿

＿＿＿＿＿＿＿＿＿＿＿＿＿＿＿＿＿＿＿＿＿＿＿＿＿＿＿＿＿＿＿＿

假如他不知道怎样才叫略写，我会比喻道：＿＿＿＿＿＿＿＿＿＿＿＿

＿＿＿＿＿＿＿＿＿＿＿＿＿＿＿＿＿＿＿＿＿＿＿＿＿＿＿＿＿＿＿＿

## 第八章

## 学会倾听反馈意见，沟通效率成倍翻

沟通方式无数种，万变不离其宗，一问一答而已。当你表明了自己的观点后，接下来最重要的事情就是了解对方的想法。通过收听反馈意见，你能弄清楚对方是否明白你的意思，是否跟你有分歧。沟通的基本目的之一就是促进相互了解。为此，我们的倾听能力在很大程度上决定了对话效率是高还是低。

语言的艺术博大精深，但归根结底无非是一说一听。光能说而不会听，沟通能力也是瘸腿发展。善于陈述者能让大家对一件熟视无睹的事物感到耳目一新，善于倾听者则能很快让陌生人对自己解除戒备、吐露真心。对话效率能不能有效提高，不仅在于打动人心的表达，还在于令人安心的倾听。有时候，倾听可能比诉说更为重要，甚至会成为一把打开心锁的钥匙。倾听不光是靠耳朵，还得用心。这也是一门必不可缺的沟通绝技。

## 少说多听，对话效率也许能翻倍

对话中常见的情景是一方侃侃而谈，另一方侧耳倾听。表面上说的人掌控着沟通的主动权，实际上不一定。因为听的人可能心不在焉，让对话效率无限接近于零。在不少情境中，多听少说的那一方才是真正的对话主导者。

与人们的直觉不同，世界上大部分顶尖销售员并非话痨，甚至不是外向型性格。这个有趣的观点来自国际销售专家博恩·崔西。

他说："75%的顶尖销售人员在心理测试中被认为是个性内向的。他们不招摇，容易相处，以他人为中心，对他人的思想和感觉感兴趣，愿意倾听潜在客户说话。在销售中，他们更愿意倾听而不是高谈阔论。"

根据博恩·崔西的调查，"顶尖的销售人员运用70/30法则。他们用30%或者更少的时间来说话和询问客户问题，而用70%或者更多的时间来倾听客户"。也就是说，那些稳抓对话主动权的金牌销售员采取的是多听少说的策略。他们的业绩证明了自己的对话效率有多高。

倾听的重要性毋庸置疑，但我们在实际对话中很少会像金牌销售员那样运用70/30法则去倾听别人的感想，而是无意中要求对方把70%的时间留给自己来展现口才。这给沟通带来了不少负面影响。

　　欠佳的表达："想必您对此感触颇深，我也早就想说了……"

　　正确的表达："想必您对此感触颇深，所以我想先听听您的看法，可以吗？"

　　需要注意的是，我们建议的"少说"并不是阻止你充分发言，反而是让你用更高的效率进行沟通。

　　根据美国科学家对大脑的研究成果，大部分人在对话时只能全神贯注于前三四句话，此后注意力会急剧下降。如果你想验证的话，可以在自己连续说十句话以后，观察对方的眼睛在看哪里。把这个过程录下来，你会发现很多有趣的细节。为此，彼得·迈尔斯教授在给斯坦福大学的师生讲沟通课时，建议大家说话不要超过四句。每说三四句话就停顿一下，观察对方的反应，然后再继续发言。

　　这个做法的好处不仅在于你能用更省力的方式沟通，还能让对方全程保持注意力最佳状态。当你说了三四句话时暂停一下，无论他们是发言状态还是倾听状态，都已经切换到了新的注意力曲线周期。在他们的注意力将要急剧下滑的前一秒及时调整节奏，你说的话将被对方更好地接收和解读。

>> 沟通问题的自我检查 》 》 》 》 》 》 》 》 》 》 》 》 》 》 》 》 》 》

　　在下表中选择你认为符合自身情况的描述，在其前面的括号里打"√"，每空1分，最高5分，最低0分。得分越高，说明你需要改进的细节越多；反之，则说明你有比较良好的沟通习惯。

| （ ） | 1. 只顾自己口若悬河，不管别人想不想听。 |
| --- | --- |
| （ ） | 2. 当别人想表达观点时，经常不等对方说完就插嘴。 |
| （ ） | 3. 听对方发言的时候心不在焉地做其他事情。 |
| （ ） | 4. 耐着性子让对方说完，但继续提对方刚才已经解释过的问题。 |
| （ ） | 5. 对方想解释的时候不给其机会。 |

◎ 场景练习

　　A 先生是一名推销员。他正要去拜访一位非常顽固的客户。公司里的许多推销员都曾经跟那位客户交谈过。尽管对方每次都会耐心听完他们的推荐词，但从来没有买过一次公司的产品。A 先生觉得需要改变思路，引导对方多说话，自己以听为主。

假如我是 A 先生，会这样引导客户开口：＿＿＿＿＿＿＿＿＿＿＿＿＿＿＿

＿＿＿＿＿＿＿＿＿＿＿＿＿＿＿＿＿＿＿＿＿＿＿＿＿＿＿＿＿＿＿＿＿＿＿

假如客户吐露自己的真实需要，我会这样回应：＿＿＿＿＿＿＿＿＿＿＿＿＿

＿＿＿＿＿＿＿＿＿＿＿＿＿＿＿＿＿＿＿＿＿＿＿＿＿＿＿＿＿＿＿＿＿＿＿

## 倾听对方的反馈，才能克服沟通漏斗

沟通漏斗原理告诉我们，你心中的想法（信息）在传递过程中会不断损耗，真正能被沟通对象理解的内容还不足一半。所以，为了避免双方发生理解偏差，我们必须认真倾听对方的反馈，以检查自己是否理解有误。

沟通往往不会一蹴而就，毕竟这个世界上很少有人能跟你心有灵犀一点通。通常而言，我们心中想的是 100%，说出口的可能只有 80%，对方听进去的只有 60%，反馈出来的只有 40%，这就是沟通漏斗效应。由于沟通漏斗的存在，对话双方往往需要不断地解释才能完全理解对方的真实意思。

然而，人们在对话中并不总是能充分表达自己的意思。有时候是因为自己的口头表达能力太糟糕，无法准备描述真心。有时候则是沟通对象做出了一些阻碍对方发言的行为。哪怕主观上并没让人闭嘴，客观上也没鼓励对方开口。

对此，美国沟通专家罗恩·麦克米兰先生指出："在请对方分享观点时，如何组织措辞也非常关键。你不只是要鼓励他们开口，还要表明这样一种态度，即无论对方的看法和自己的有多不同，你都愿意洗耳恭听。在对话中，对方需要这样的安全感来分享自己对事实的观察以及由此形成的想法，当他们的观点和你不同时更是如此。"

欠佳的表达："我的意见就是这样，你们没人反对吧？""我认为×××的根本原因是……你们为什么不敢讨论这件事呢？"

正确的表达："有人和我的看法不同吗？""有人要对我的观点进行补充吗？""我想听听大家有什么看法。""我有个想法，不一定对，万一是相反的情况呢？如果×××的主要根源是……"

对话高手总是倾向于鼓励对方说出不同的看法，以便坦率交流，搞清楚对方的态度与底线。这需要一定的技巧。比如，上述正确的表达中的话都带有一种邀请别人发言的真诚，而欠佳的表达中的话听起来更像是一种威胁。对话高手无疑会采用前一种表达方式。

科里·帕特森先生建议："如果你认为对方有些迟疑，应当在对话中明确表示希望听到他们的观点，无论这些观点和你的看法有多么不同。如果他们的看法充满争议甚至相当敏感，你应当对他们的坦率直言的做法表示尊重。如果他们观察到的事实和形成的看法与你不同，你应当认真听完他们的陈述，确保他们有机会说出内心的想法。"

» ⃞ 沟通问题的自我检查 ⃞ » » » » » » » » » » » » » » »

在下表中选择你认为符合自身情况的描述，在其前面的括号里打"√"，每空1分，最高5分，最低0分。得分越高，说明你需要改进的细节越多；反之，则说明你有比较良好的沟通习惯。

| （ ） | 1. 不注意听对方的后续反馈，老抓着他最初的错漏不放。 |
| --- | --- |
| （ ） | 2. 用情绪化的方式来对待沟通对象的反馈意见。 |
| （ ） | 3. 倾听的时候脑子里一直想着自己的观点，没把对方的话听进去。 |
| （ ） | 4. 察觉对方的理解偏差后，用粗暴的语言来指责他。 |
| （ ） | 5. 当对方没理解自己的意思时，就不想跟他多说话。 |

◎ 场景练习

B先生是一名渠道经理，正在寻找经销商来开拓新的区域市场。他几次拜访当地最大的经销商C女士，都未能说服对方销售自己公司的产品。C女士其实并非没有合作意向，只是觉得B先生没说清会采取什么措施来预防窜货。这天，双方再次进行洽谈。

假如我是B先生，会这样询问对方的顾虑：_____

_____

假如我是C女士，会这样反馈自己的意见：_____

_____

# 重点捕捉对话中的"未明说信息"

沟通高手不仅会让对方充分发言，还会高度重视其没有直接说出的弦外之音。

美国商业沟通大师约翰·R.斯托克在其著作《真实对话》中提到了"93/7法则"。这个法则的内容是：人们在对话过程中会通过三种方式体现自己的看法，其中93%的沟通是通过非语言行为和语气进行的（肢体语言占55%，语气占38%），只有7%的沟通是通过措辞来进行的。那93%的对话动态也就是我们说的"未明说信息"。

当然，这条法则提到的比例未必适用于所有的对话。但不可否认的是，如果我们只注意对话中7%的明说信息，就会把剩下93%的未明说信息解释权完全丢给对方。这意味着对方很容易误解你的看法，而你自己对此却浑然不觉。

因此，约翰·R.斯托克先生特别强调："如果你在对话中只注意选择适当的措辞和生搬硬套某些步骤，你就更有可能陷入虚假对话。如果你听凭其余93%的对话动态（侧重于结果、尊重氛围和人际关系的93%的动态）自然发展，你就是在听任灾难的降临。"

欠佳的表达："我不知道你为什么会对这件事有那么大的怨气。"

正确的表达："听你的语气，似乎这件事让你非常困扰？"

约翰·R.斯托克先生认为，预先编制好的台词或"秘诀"并不构成真实的对话。沟通过程中那93%的未明说信息，往往能反映出很多问题。就算我们不直接说话，通过展示或解读那些没用嘴巴讲出来的未明说信息，也能有效促进对话。甚至在某些时候，未明说信息的影响力更大。

尽管你事先准备好了说辞，但沟通方式是机械地阅读卡片上的提示词，这就会让沟通对象觉得你是在演戏，而不是真心想沟通。假如你用不恰当的语气来说看似完美无缺的措辞，或者边说边做令人不快的肢体动作，对方也会觉得你不尊重人，缺乏对话的诚意。

反过来说，我们也可以通过这种方式来揣摩对方的真实态度，了解他们是否言行一致。总之，谁能利用好这93%的未明说信息，谁就能掌控高效对话的节奏。

» **沟通问题的自我检查** » » » » » » » » » » » » » » »

在下表中选择你认为符合自身情况的描述，在其前面的括号里打"√"，每空1分，最高5分，最低0分。得分越高，说明你需要改进的细节越多；反之，则说明你有比较良好的沟通习惯。

| ( ) | 1. 只能理解对方的字面意思，听不出弦外之音。 |
| ( ) | 2. 经常搞不清楚对方的话哪句是真的，哪句是假的。 |
| ( ) | 3. 有时候分辨不清对方是在开玩笑还是说真的。 |
| ( ) | 4. 经常被朋友抱怨是榆木脑袋。 |
| ( ) | 5. 朋友觉得跟自己交流很吃力，因为不能很快明白他们的意思。 |

◎ 场景练习

D小姐是一名人力资源经理，在聚会上意外地发现了一位朋友的朋友正是公司所需的人才。于是，她想邀请他进入公司。在对话中，那位先生虽然觉得自己的公司平台小，对自己做的业务也不算太热爱，但又表示暂时没有离开的打算。

假如我是 D 经理，会这样判断他的弦外之音：_____

_____

然后我会这样跟他沟通：_____

_____

## 倾听应该全程接收，切忌只听半截

话听一半就发言是个很糟糕的习惯，这会让你非常容易误解对方想表达的意思。特别是在讨论争议话题时，很容易因误会而吵一场完全没有必要的架。假如一开始就听完整，说不定你会发现大家本来是有共识的。

即便我们深知倾听之妙用，也感激别人愿意倾听我们的心事，但轮到自己时往往不能贯彻倾听原则。最常见的表现就是没有耐心认真听别人说完，以为自己已经明白了一切。殊不知，沟通漏斗效应让你遗漏了大量宝贵信息，对别人产生了不小的误解。

其实，我们一直忽略了一个事实：倾听和注意是两码事。倾听主要指对方的话进入你的耳朵，注意则意味着"全身心"都在记录对方说的话。在对话过程中，说者可以通过你的行为来判断你是否对他们真正投入了注意力。而你表面上听了所有的内容，实际上只有一部分听进心里。一旦暴露，就会让他们觉得被愚弄了。

我们之所以难以做到全程注意倾听，都是自我意识太强作怪。我们很难控制住自己的主观评判，在别人叙述时，会只听进那些我们自以为知道的内容。

欠佳的表达："你什么都不用说了，我知道你的意思……"

正确的表达："这就是你的全部意见吗？让我消化一下。"

话听半截无疑是一个坏习惯，真正的对话高手无不善于集中注意力去倾听沟通对象的发言。他们有出色的自制力去全身心听别人的真实想法。我们并非完全做不到这点，只不过，需要转变顽固的观念。

约翰·R.斯托克先生指出："由于我们可能没有意识到自己的倾听行为，所以，我们需要慎重而有目的地学习和锻炼一些技巧，以便成为更好的倾听者。所有优秀的倾听者都会采取四种技巧：集中注意力倾听；不加评判地倾听；倾听细节；换位思考倾听。"

假如我们坚持按照上述四种技巧来训练自己，就能不断提升自己的倾听能力，真正成为沟通对象的知心人。

» **沟通问题的自我检查** » » » » » » » » » » » » » » » »

在下表中选择你认为符合自身情况的描述，在其前面的括号里打"√"，每空1分，最高5分，最低0分。得分越高，说明你需要改进的细节越多；反之，则说明你有比较良好的沟通习惯。

| （　） | 1. 当别人吐露心声时，自己经常有些不耐烦。 |
| --- | --- |
| （　） | 2. 表面上在倾听对方，实际上只记住了前半部分内容。 |
| （　） | 3. 朋友抱怨自己听人讲话时眼睛会望向别处。 |
| （　） | 4. 朋友抱怨自己总是重复他们再三解释过的问题。 |
| （　） | 5. 有时候会急于跟人争个高低，最后才发现俩人的观点本来是一致的。 |

◎ 场景练习

E先生是客户部总监，他手下有一名实习客户经理连续两个月都没谈成订单。他经过调查后发现，原来那位实习客户经理总是只听半截话，屡屡与客户发生误会。为此，E总监觉得有必要给这位实习客户经理上一课。

假如我是 E 总监，会先这样询问对方的工作情况：＿＿＿＿＿＿＿＿＿＿＿＿

＿＿＿＿＿＿＿＿＿＿＿＿＿＿＿＿＿＿＿＿＿＿＿＿＿＿＿＿＿＿＿＿＿＿＿＿＿

然后再耐心地分析道：＿＿＿＿＿＿＿＿＿＿＿＿＿＿＿＿＿＿＿＿＿＿＿＿＿

＿＿＿＿＿＿＿＿＿＿＿＿＿＿＿＿＿＿＿＿＿＿＿＿＿＿＿＿＿＿＿＿＿＿＿＿＿

## 控制自己的表达欲望，耐心听完再评论

很多人并不擅长倾听，这主要是因为他们的表达欲望过于强烈，潜意识里老想抢夺话语权。这个坏习惯会让沟通对象很快失去交流的热情，对话难以继续下去。该如何控制自己的表达欲呢？

我们经常碰到这样的情况，自己跟对方的观点大相径庭，于是没法听下去，直接开口表示反对。你反驳我，我打断你，最终双方争吵得不欢而散。这也是一种常见的低效对话。

平心而论，每个人都有表达自我想法的欲望，只不过有些人是用嘴巴来说，有些人是以其他的形式来展现。在对话中，哪怕是性格沉默寡言的一方，如果听到了自己非常在意的内容，也会忍不住开口发表观点。有时候，甚至会给初次接触他们的人留下"话痨"的印象。

有表达欲望是正常的，但在高效对话中，你必须学会控制自己的表达欲望，给对方充分的发言空间。哪怕他们的言论逻辑混乱、漏洞百出、不符合事实，我们也不要急于反驳。要知道，真正的对话高手都有一个良好的沟通习惯——不加评判地倾听。通过这种方式来鼓励对方充分发言，把他们的内心真声听得一清二楚。哪怕最后要说服他们放弃错误的观点，也必须遵循这个原则。

> 欠佳的表达："打住！你说的不对，情况应该是这样的……"
>
> 正确的表达："我所知道的情况跟你知道的有差异，具体情况是……"

我们习惯用评判的方式来解读信息，并且从评判的角度去听对方说话。这样做的目的是为了验证我们的看法是否跟对方的意见相符。如果我们同意，那么沟通就会变得很顺利。如果我们不同意，就容易引发激烈的争论。你可以看到人们在评判别人的时候，喜欢打断别人说话，不断地插嘴，强行表达自己的想法。遗憾的是，我们中的不少人在不知不觉中也有同样的行为。

为了克服这个不良习惯，约翰·R.斯托克先生倡导不加评判地倾听。他说："我们应该暂时搁置自己的评判，更加乐于接受别人的观点。……为了不加评判地倾听，请实践以下做法：探听例子，求得同意再提供建议，做理性观察者而不做应激反应者。"

### 》 沟通问题的自我检查 》 》 》 》 》 》 》 》 》 》 》 》 》 》 》 》

在下表中选择你认为符合自身情况的描述，在其前面的括号里打"√"，每空1分，最高5分，最低0分。得分越高，说明你需要改进的细节越多；反之，则说明你有比较良好的沟通习惯。

| ( ) | 1. 别人的话还没说完，就会忍不住打断他，说自己想说的话。 |
| --- | --- |
| ( ) | 2. 原本想了解别人的想法，结果却变成了推销自己的主张。 |
| ( ) | 3. 不喜欢听别人长篇大论，因为自己想说个痛快。 |
| ( ) | 4. 一听到不同的意见，就忍不住马上反驳。 |
| ( ) | 5. 对自己不熟悉的事情也经常摆出一副指点江山的样子。 |

◎ 场景练习

F小姐工作积极、做事认真、热情开朗，唯一的不足就是在交谈中老是打断别人讲话。她也意识到自己表达欲望太强，没尊重对方的发言权。这天，她跟一位非常健谈的客户对话，插嘴的欲望在胸中呼之欲出……

假如我是 F 小姐，会这样暗暗告诫自己：_____
_____

假如客户的发言实在太长，我会简短而巧妙地暗示道：_____
_____

## 用反馈式倾听引导对方畅通地表达

成功的倾听绝非只听不说，否则倾听者就和一个无法给出回应的树洞没什么区别。反馈式倾听才是最佳的倾听方式。唯有这样，沟通对象才能确认你是否明白他的想法，才能信心十足地吐露心声。

当你做出一副倾听对方的样子时，对方也在暗中观察你的反应。假如他们发现你并未真正在听，就会很快失去发言兴趣。如果对方脾气大，甚至可能当场翻脸。为了避免这种情况，我们应该采取"反馈式倾听"的策略。

反馈式倾听指的是在听对方讲完一个内容后，就向他反馈自己的理解。假如理解到位，对方会跟你产生惺惺相惜之情。假如你理解不到位，他会更加详细地讲解。这样一来，引导对方畅快发言的目的就达到了。此中奥妙在于，用提问的方式来证明自己是在认真倾听，营造了一种尊重别人的对话氛围。

约翰·R.斯托克先生指出："提问除了能够提升对话，使对话转变方向之外，也是最容易营造尊重氛围的方式。提问所隐含的意思是'我非常愿意咨询并倾听你的意见'，提问是对别人的尊重。需要注意的是，向别人提问却不听别人的回答，是不会得到尊重的！如果你根本就不想知道答案，那就别问！要营造尊重的氛围，就必须要有耐心。你问的问题越多，就越能增进尊重，你也将学习到更多的东西，但是，这需要耐心。"

欠佳的表达："你说的东西我听着有点糊涂，你接着讲，不用在意我。"

正确的表达："我想确认一下，我应该明白你说的意思了。我们都是在同一个频道上讨论问题，没有鸡同鸭讲，都用心去听对方表达的意思了。"

倾听并不是闭上嘴巴、竖起耳朵就能做好的事情，最关键的是用心。因此，乔治·汤普森博士感慨道："真正的倾听是一项非常复杂的技能，包含着四个不同的步骤：放开心胸，公正无私；获得字面意思；破解各种隐藏信息；据此做出反应。"

高效对话难以实现，更多的是说者的责任。所以，当我们作为说者的时候，应该更加友好地把信息融入自己的语言和举止仪态中，让对方愿意听。而轮到我们做倾听一方的时候，要能做到心底无私天地宽，能敏锐地捕捉说话一方的字面意思，并破解其深层含义。

» ☐ 沟通问题的自我检查 ☐ » » » » » » » » » » » » » » » »

在下表中选择你认为符合自身情况的描述，在其前面的括号里打"√"，每空1分，最高5分，最低0分。得分越高，说明你需要改进的细节越多；反之，则说明你有比较良好的沟通习惯。

| （ ） | 1. 一直安静地听对方说话，一声不吭，面无表情。 |
| --- | --- |
| （ ） | 2. 当别人发言停顿下来时，也不会接话茬，导致冷场的局面。 |
| （ ） | 3. 别人询问意见时，只是草草应付。 |
| （ ） | 4. 反馈意见经常让对方感到不高兴，然后谈话就结束了。 |
| （ ） | 5. 由于理解不到位，对方不得不多次纠正自己的反馈意见。 |

◎ 场景练习

G女士是一名记者，为了制作关于西汉海昏侯墓的专题报道，前去采访一位知名高校的考古系教授。在交谈中，教授兴高采烈地讲述了许多惊人的考古发现，但他说了太多常人听不懂的学术名词。G女士听得似懂非懂，想引导对方讲得更加通俗明白一些。

假如我是G记者，我会这样引导对话方向：＿＿＿＿＿＿＿＿＿＿

＿＿＿＿＿＿＿＿＿＿＿＿＿＿＿＿＿＿＿＿＿＿＿＿＿＿＿＿＿＿

当教授说了拗口的专业术语时，我会这样询问：＿＿＿＿＿＿＿＿

＿＿＿＿＿＿＿＿＿＿＿＿＿＿＿＿＿＿＿＿＿＿＿＿＿＿＿＿＿＿

## 第九章

# 双方相互猜疑多半是因为你缺乏有效提问

当双方各自表明态度后，沟通过程将进入一个十字路口。大家都会在脑海中快速评估对方观点的可信度和靠谱程度，进而判断这场对话该不该继续下去，或者该以什么样的方式继续进行。低效沟通的一种常见表现是：双方对别人的看法心存疑虑，但又没有及时表达出自己的疑问，以便给对方解释的机会，于是误会越来越深，最终形成难以调和的分歧。其实这个问题并非无解，解决之法在于有效的提问。

提问是最重要的沟通工具之一。"不会提问"和"不懂沟通"有时候差不多是同一个意思。沟通的基本形式包括提问和回答。特别是我们心存困惑时，更该通过提问来寻找答案。你不问的话，对方可能会默认你不需要额外的解释，于是继续说别的内容。假如你的提问方式不合理，对方可能会心存忌惮，不再相信你说的任何一句话。

# 与其等待对方解释，不如主动提问

在对话过程中，对方并不知道你有什么不明白的地方。如果你不问，他们就会误以为你清楚了，不再追加解释。所以，当你心存疑惑时就要主动提问。这样才能把沟通效率提上去。

低效对话和高效对话的根本差异在于，前者存在太多沟通不畅与误解。由于对话双方没能充分表达自己的真实想法，又对对方的想法进行主观臆测，很多不必要的误会就由此产生了。因沟通不畅造成的悲剧不计其数，归根结底无非是各方相互猜忌却不能坦诚沟通、共析疑义。

我们在对话中常犯的一个毛病，就是把想法和事实混为一谈。美国学者罗恩·麦克米兰称："你无法质疑自己的想法，是因为你把它们当作了不可改变的事实。在形成想法的转瞬之间，由于对这个过程太过关注，你会误以为自己的想法便是事实情况。虽然看起来和事实差不多，但想法毕竟不是事实。这样做等于混淆了主观结论和客观条件之间的区别。"

我们对事物的理解就是想法，想法是大脑进行思维的产物，具有主观性。事实则具有客观性。只有当想法符合事实时，你对信息的理解才是准确的。所以，为了克服沟通漏斗的影响，我们应该主动把心中的疑虑问出来，检验自己的想法是否符合事实。

欠佳的表达："你听懂我刚才说的意思了吗？听懂了我就不多解释了，没听懂我就再讲清楚些。"

正确的表达："你能否复述一下我刚才说的意思？这样我就清楚自己有没有讲解到位了。"

人们往往碍于面子不肯直接向别人提出疑问，生怕冒犯对方，落得个不欢而散。其实，我们应该更加大胆一些，主动把情况问清楚，给别人创造一个知无不言的氛围，免得双方各自误会。

科里·帕特森指出："鼓励对方说出想法，最简单直接的方式就是请他们开口表达。在对话中要想打破僵局，你只需理解对方的观点即可。当我们表现出真正的兴趣时，对方就不会迫于压力而陷入沉默或暴力了。如果直接询问无法让对方开口，你可以通过确认感受的方式营造更多安全感。使用这种方式时，我们会客观描述在对方行为模式中观察到的细节，然后鼓励对方对此进行讨论。由于我们目前能够观察到的只有对方的行为表现以及情绪反应带来的暗示，因此我们必须从这里开始入手。"

» 沟通问题的自我检查 » » » » » » » » » » » » » » » » »

在下表中选择你认为符合自身情况的描述，在其前面的括号里打"√"，每空1分，最高5分，最低0分。得分越高，说明你需要改进的细节越多；反之，则说明你有比较良好的沟通习惯。

| ( ) | 1. 遇到疑问的时候，习惯闷在心里不说。 |
| ( ) | 2. 想向对方询问，但不知道该怎么开口。 |
| ( ) | 3. 害怕别人嫌自己笨，不敢提出疑问。 |
| ( ) | 4. 发现对方误解自己的意思时，也没有及时提醒。 |
| ( ) | 5. 被朋友抱怨过"不懂又不知道问"。 |

◎ 场景练习

　　A 先生与一位老朋友最近闹得不愉快，两人已经快三周没跟对方说话了。这天，A 先生心血来潮，突然觉得自己和朋友可能发生了误会，双方又没有好好解释，才导致这个局面。他决定跟朋友坐下来好好谈谈。

假如我是 A 先生，会这样约见那位朋友：＿＿＿＿＿＿＿＿＿＿＿＿＿

＿＿＿＿＿＿＿＿＿＿＿＿＿＿＿＿＿＿＿＿＿＿＿＿＿＿＿＿＿＿＿＿

见面后，我会这样说：＿＿＿＿＿＿＿＿＿＿＿＿＿＿＿＿＿＿＿＿＿＿＿

＿＿＿＿＿＿＿＿＿＿＿＿＿＿＿＿＿＿＿＿＿＿＿＿＿＿＿＿＿＿＿＿

## 常用"您的意思是……"来检验自己的理解

性格谨慎缜密的人在交谈中往往喜欢确认对方的意思，因为他们深知一句话的误解会给双方带来很多不必要的麻烦。为此，他们常会说一句"您的意思是……"这句话能起到什么样的作用呢？

有一种语言工具既可以减少沟通双方的误解，又能增加对方的好感度。这种语言工具就是"复述"，即将对方的意思用你自己的语言重复一遍给他听。

"您的意思是……"就是一种典型的复述手法。无论此刻对方是跟你和颜悦色地聊天，还是恶语相向，都会仔细听你复述的内容，看看你是否真正理解了他想表达的意思。

科里·帕特森先生十分推崇复述这种沟通技巧。他指出："询问观点和确认感受能帮助你部分了解对方的想法。如果意识到了对方为什么会出现特定感受，你可以通过复述对方表达的方式营造更大的安全感。注意，复述不是一字不差地把对方的话重说一遍，而是用自己的语言简略地说明自己了解的内容。和确认感受一样，重新描述这个技巧的关键之处在于，你必须在陈述时保持冷静镇定。记住，我们的目的是要营造对话安全感，而不是表现得惊慌失措，暗示对话马上就要出问题。"

复述打断了对方原先的发言节奏，将对话引导到了你的控制下。假如你对他的真实意思理解得非常到位，他会觉得跟你说话非常省力。

欠佳的表达："你不就是想说现在不想做决定，拖到后天再说嘛！"

正确的表达："我想确认一下，您的意思是咱们这次先不着急做决定，等两天再说？"

由上述案例可知，复述会给人一种善解人意的印象，起到一定的安抚效果。对方会认为你是带着诚意来与他合作，从而产生共鸣感。

科里·帕特森先生指出："你应当努力思考的是，为什么一个理智而正常的人会做出这样的举动呢？这个问题可以帮助你远离愤怒或抵触情绪，学会冷静面对问题。你只需用自己的话重新描述对方的表达，同时注意保持冷静即可。这样就会让对方感到你在努力理解他们的感受，支持他们坦率地说出内心想法。"

不过，复述法并非毫无风险。因为，对方停下来听你说的时候，未尝没有从你的话里找把柄的心态。假如你误解了对方的真实意思，也可能起到火上浇油的反效果。

» 沟通问题的自我检查 » » » » » » » » » » » » » » » »

在下表中选择你认为符合自身情况的描述，在其前面的括号里打"√"，每空1分，最高5分，最低0分。得分越高，说明你需要改进的细节越多；反之，则说明你有比较良好的沟通习惯。

| （ ） | 1. 思维比较迟钝，通常无法做到在第一时间理解对方的意思。 |
| --- | --- |
| （ ） | 2. 对方的表述比较混乱时，不知道该怎么确认他的真实想法。 |
| （ ） | 3. 不喜欢直接询问疑点，而是希望对方主动看出自己的茫然。 |
| （ ） | 4. 自己表述的理解通常与对方的真实意思相差甚远。 |
| （ ） | 5. 要反复询问才能搞清楚情况，被对方认为沟通困难。 |

◎ 场景练习

  B 小姐是一名广告设计师，正在与挑剔的甲方客户讨论广告的制作细节。客户不懂设计，但提出的要求非常多。背景设计既要有海浪冲击岩石的气势，又要有润物细无声的温馨，同时还要在广告中突出产品的优良性能……B 小姐发现对方的要求不乏自相矛盾之处，于是要确认他的本意。

假如我是 B 设计师，会这样询问背景设计要求：＿＿＿＿＿＿＿＿＿＿

＿＿＿＿＿＿＿＿＿＿＿＿＿＿＿＿＿＿＿＿＿＿＿＿＿＿＿＿＿＿

关于产品特性的展现，我会这样问：＿＿＿＿＿＿＿＿＿＿＿＿＿

＿＿＿＿＿＿＿＿＿＿＿＿＿＿＿＿＿＿＿＿＿＿＿＿＿＿＿＿＿＿

## 注意提问的恰当性，不要额外挑起事端

提问也是一门技巧性很强的沟通艺术。只有恰当的提问才能问出你想了解的答案。有些人因为提问方式不得体，激怒了对方，从而让对话戛然而止。这种情况是完全可以避免的。

所谓提问的恰当性，就是根据实际对话需要来选择不同的提问方式，以更好地达成效率，并减少不必要的冲突。那么，什么才是恰当的问题呢？

约翰·R.斯托克先生认为："'恰当'的问题会提供你所寻求的答案。如果你知道自己所寻求的答案是什么，那么，你就会提出可以带你去往自己想去之处的问题。有时候，问题本身就是答案。注意，采用这个方法时，你必须知道自己想要知道什么，只有那样，你才能找到答案。"

由此可见，你带着建设性思维提出的问题，就是"恰当的问题"。"恰当的问题"反映了你积极探索学习的心态，而不带有任何消极意义。"不恰当的问题"则不然，通常包含了很多批评、指责、咒骂别人的消极内容，会让听者产生消极的假设与强烈的戒备心。

假如我们以消极的问题来向沟通对象提问，将会让他们产生"逃跑"或"对抗"行为。这无疑会破坏对话氛围。

欠佳的表达："你没意识到那不是我想要的结果吗？""你怎么还没做完？""你不觉得你应该……做吗？""你为什么要这样做？""你到底能不能完成？""你真的能完成吗？""难道你不知道……吗？"

正确的表达："你希望创造什么样的结果？""怎样才行得通？""你做了哪些事？""你当时是怎么想的？""你喜欢做这些事吗？""你希望这件事什么时候完结？""那个东西为什么这样重要？"

在上述案例中，正确的表达可称为探索型积极问题，欠佳的表达都属于责备型消极问题。约翰·R.斯托克先生指出："戒备型消极问题和探索性积极问题的区别在于，前者更多地在批评，后者更多地在学习。许多消极问题都是伪装的'命令'，意在批评或惩罚。每个人和别人谈话时都希望觉得舒服和安全，特别是在讨论有可能无法达成预期效果的计划、程序或行为时。你提出的问题应该让你的听者能够安然回答。"

因此，要想实现高效对话，我们不能不注意提问的恰当性，尽可能地用探索性积极问题来代替戒备型消极问题。这样有利于减少沟通对象的对立情绪，让他们可以没有太大压力地回答你的提问。

» 沟通问题的自我检查 » » » » » » » » » » » » » » »

在下表中选择你认为符合自身情况的描述，在其前面的括号里打"√"，每空1分，最高5分，最低0分。得分越高，说明你需要改进的细节越多；反之，则说明你有比较良好的沟通习惯。

| | |
|---|---|
| （　） | 1. 无意识地提出令人尴尬的私密问题。 |
| （　） | 2. 故意提出刁难对方的问题，以显示自己的机智。 |
| （　） | 3. 明知道可能引发冲突，还是忍不住哪壶不开提哪壶。 |
| （　） | 4. 提问没问到点子上，让对方感到不便回答。 |
| （　） | 5. 提问过多过长，让沟通对象一下子反应不过来。 |

◎ 场景练习

　　C 先生是一名刑警，负责侦办一起盗窃案。警方勘察了犯罪现场后，怀疑这是熟人作案。为了追查线索，他正在走访受害者的四邻。这些被询问对象都没有排除作案的嫌疑，但 C 警官要在避免打草惊蛇的前提下套出蛛丝马迹来。

假如我是 C 警官，会这样询问案发当天的情况：_____
_____

然后再这样问对方当时的活动：_____
_____

# 多提正面问题，少说负面问题

在一般情况下，大家更喜欢别人提出正面问题而不是负面问题，除非后者恰好是我们急需处理的问题。负面问题通常会戳中对方的心结，令他们产生回避沟通的倾向。这显然不利于提高对话效率。

为了更好地运用提问的艺术，乔治·汤普森博士总结了以下五种常见的提问方式：

1. 寻求事实型提问。这种提问只是为了确认具体的客观事实，几乎所有人都能熟练掌握，回答的方式也简明清晰，不需要花里胡哨的技巧。

2. 综合型提问。这种提问是开放式的，好比是考试中的主观题，能引导人们自由地选择回答的内容，让他们自我感觉良好。

3. 寻求意见型提问。这种提问多用于征求对方的意见，并且给了沟通对象很大的选择空间。所有人都喜欢寻求意见型提问，因为那会带来表现自己的机会。即使你不需要什么答案，也可以用这种问法让对方满足一下。

4. 直接型提问。这种提问最为简单，答案无外乎"是"或"不是"。直接型提问本身没有多少敌意，但使用过多就会给人一种警察审犯人的粗暴感。

5. 诱导型提问。这种提问在本质上相当于把话硬塞到别人嘴里，很容易激怒对方。

欠佳的表达："我怎么觉得你说的事情像是从地摊文学里看来的呢？"

正确的表达："你说的事情发生在什么时候，有哪个媒体正式报道过吗？"

根据乔治·汤普森博士的经验，综合型提问和寻求意见型提问比其他三种提问更容易赢得对方的好感。因为这两种提问方式都使用了"移情"技巧，让你显得公正无私而富有同情心。此外，高效对话中的提问还可以采用以下两种策略：

1. 在提问之前向对方解释一下当前的处境，通过预告的方式给沟通对象做心理准备的时间。通常而言，如果被提问一方不知道自己要被问多少个问题时，会变得越来越烦躁不安。

2. 设法让我们的提问更加多样化一些。具体而言就是，在开头时用一系列的综合型提问，接下来采用寻求意见型提问，最后再自然过渡到直接型提问和寻求事实型提问。如果沟通目标还没达成，再用容易激怒别人的诱导型提问。

» 沟通问题的自我检查 » » » » » » » » » » » » » » » »

在下表中选择你认为符合自身情况的描述，在其前面的括号里打"√"，每空1分，最高5分，最低0分。得分越高，说明你需要改进的细节越多；反之，则说明你有比较良好的沟通习惯。

| ( ) | 1. 开门见山地提出负面问题，根本不考虑沟通对象的承受能力。 |
| --- | --- |
| ( ) | 2. 觉得正面问题没有意思，不如不提。 |
| ( ) | 3. 提正面问题时的表述不当，反而像是在找碴。 |
| ( ) | 4. 提出负面问题时的语气不够温和委婉，招致对方反感。 |
| ( ) | 5. 能谨慎地提出负面问题，但不能及时而有效地安抚对方的消极情绪。 |

◎ 场景练习

D先生是一名新闻记者，正在参加一场由中国××俱乐部男子足球队召开的新闻发布会。球队刚打完亚洲冠军联赛的客场比赛，以 0 比 1 的比分惜败劲敌。刚才有个记者提了尖锐的问题，球队主教练差点气得拂袖而去。现在轮到他提问。

假如我是 D 记者，会先这样对主教练说：_____

_____

然后再这样问球队下一步会如何准备主场比赛：_____

_____

## 提问要有逻辑性，不可脱离当前话题

有些人一发问就让你不想继续和他们说话。他们提出的问题跟现在讨论的事情一点关系都没有，认真回答简直是在浪费时间。你不想给沟通对象留下这种坏印象的话，应该怎么做呢？

对于很多人来说，没有逻辑性的提问是非常令人头疼的。你明明在说与 A 事物相关的 B 事物，对方却兴致勃勃地问你 C 事物的情况。如果回答这个不相干的提问，对话就会偏离当前的话题。如果不回答，沟通对象会觉得你连这么一个小问题都不肯回答，根本没有沟通的诚意。

不少对话之所以效率低，往往就是因为某一方或双方都喜欢问这种跟当前内容没有逻辑关系的问题。

沟通专家约翰·R.斯托克先生认为，提问有"提升对话、营造尊重氛围、增进参与、促进坦率、激发反省、深化理解"等作用。其中的激发反省、深化理解两种作用，只有那些有逻辑性的提问才能实现。因为，逻辑清晰的提问者非常明确自己希望得到什么信息，不会浪费时间去计较不相干的事物。他们乐于接受信息、学习新知识。提问就是他们寻找学习机会的重要途径。如此一来，他们提问的内容越多，学到的东西也就越多。这对提高沟通效率有很大的帮助。

欠佳的表达："刚才听了您分享自己在创作过程中的点点滴滴，真是令人感动，请问您讨厌性格挑剔的处女座吗？"

正确的表达："刚才听了您分享自己在创作过程中的点点滴滴，真是令人感动，请问您的新作品什么时候上市？"

为了增强提问的逻辑性，我们可以向别人或者向自己提一些要求反省的问题。这样有助于揭露我们的不足，找到改进的方向。

约翰·R.斯托克先生提出："要求反省的问题是揭露自我的问题。这样的问题可以揭露通常不被注意到或不被发现的假设、观点和感受。回答自我揭露型问题可以帮助我们揭示那些驱动我们的行为从而造成不良结果的想法。一旦我们意识到什么问题造成了不良的结果，我们就可以做出不同的选择。适宜的提问可以帮助我们更加客观地看待自己和我们的选择。向他人询问自我揭露型问题也可以让他们进行自我探索。"

当你经常问自己一些自我揭露型的问题后，你会渐渐学会不再向别人提与对话无逻辑联系的问题。这样有助于实现高效对话。

» 沟通问题的自我检查 » » » » » » » » » » » » » »

在下表中选择你认为符合自身情况的描述，在其前面的括号里打"√"，每空1分，最高5分，最低0分。得分越高，说明你需要改进的细节越多；反之，则说明你有比较良好的沟通习惯。

| ( ) | 1. 提出与本次对话主旨不相干的问题。 |
| --- | --- |
| ( ) | 2. 提出与当前议论重点毫无关联的问题。 |
| ( ) | 3. 提出的问题违背了客观事实中的因果关系。 |
| ( ) | 4. 没有理清逻辑就草率提问。 |
| ( ) | 5. 向别人提根本不需要回答的问题。 |

◎ 场景练习

　　E女士是一起民事纠纷的原告律师。在法庭上，这位原告的思维非常跳跃，叙述案情时前后不连贯，提出的问题也经常彼此不相关。这样的情况在法庭上会非常不利。趁着休庭的机会，E女士要想办法指导对方怎样有逻辑地说话和提问。

假如我是 E 律师，会这样指出对方的不足：＿＿＿＿＿＿＿＿＿＿＿＿＿＿

＿＿＿＿＿＿＿＿＿＿＿＿＿＿＿＿＿＿＿＿＿＿＿＿＿＿＿＿＿＿＿＿＿

然后这样指导对方如何用问题引导法官的思考：＿＿＿＿＿＿＿＿＿＿＿

＿＿＿＿＿＿＿＿＿＿＿＿＿＿＿＿＿＿＿＿＿＿＿＿＿＿＿＿＿＿＿＿＿

# 用提问来逼迫对方做选择是最失策的沟通方式

当对方犹豫不决的时候，我们难免会变得不耐烦。有些人由于沉不住气会以强硬的提问方式来迫使沟通对象做出选择。这种简单粗暴的办法，并不会提高对话效率，反而可能让对方更加想逃避交流。

在对话过程中，开头和收尾是两个沟通风险最大的阶段。开头阶段的风险是你无法给对方营造足够的安全感，导致对话偏离正常的轨道。收尾阶段的风险则是双方不能达成共识，或者达成共识后对方的行动迟疑不决。

我们面对后一种情况时很容易失去耐心，从而采用非此即彼的二选一式提问来敦促沟通对象尽管决策或行动。结果导致对方更加不愿意与我们继续对话。他们这样做是出于过度的自保心态。

《真实对话》一书讲道："不管我们选择什么样的方法，只要缺乏有用的知识，就会导致我们从自保的角度出发去与人沟通。自保是指，无论什么时候，只要我们的成果、尊严、水平或人际关系遭到质疑，我们就会采取维护面子和自我保护的行为。具有讽刺意味的是，我们对自保的重视有时高过了我们自称最为重视的东西——结果！所以，我们对自保的重视导致我们的行为会妨害预期结果的达成。"

如果你主动发出二选一式提问，就让对方失去了转圜的余地，不得不做出取舍。但对方为了自保，会变本加厉地逃避选择，以拖待变。这样的沟通无疑是低效而失败的。

> 欠佳的表达："你打算怎么做，准备跟他分手还是马上结婚？"
> 正确的表达："你想好了以后怎样跟他相处吗？"

有一个问题经常被人们忽略，那就是"对话≠决策"。我们在对话中开诚布公，鼓励对方说出自己的看法，这是一个提取双方观点的过程。大家虽然是朝着最终商量出一个结果的方向进行沟通，但距离最终的正式决策还相差甚远。即便对方在对话中的观点倾向于支持你所希望的决策，但那并不代表他们一定会参与决策或者做出决策。毕竟，对观点表态和做决策是两件不容混淆的事情。

当然，反对用强硬提问的方式逼迫对方做选择，不等于我们只能无所作为。当你注意到对方的逃避或对抗行为时，就应该停止无效的追问，转而创造新的对话。

我们要设法在自己的一言一行中表达出对沟通对象的尊重和包容，并继续采取前述的综合提问方式来搞清楚对方的顾虑何在。弄清原因后，我们才能用严密的分析论证来告诉对方，现在这种自保行为反而会阻碍他们实现自己的目的。这样一来，沟通双方就能重建共同目标，怀着互惠互利的善意来讨论出一个可以执行的新方略。

---

» ⎡沟通问题的自我检查⎦ » » » » » » » » » » » » » » » »

在下表中选择你认为符合自身情况的描述，在其前面的括号里打"√"，每空1分，最高5分，最低0分。得分越高，说明你需要改进的细节越多；反之，则说明你有比较良好的沟通习惯。

| （　） | 1. 给出两个选择，让对方必选其一，否则没完。 |
| --- | --- |
| （　） | 2. 不给对方思考的余地就敦促其赶紧做决定。 |

续表

| | |
|---|---|
| （ ） | 3. 询问结果的语气非常生硬，让沟通对象产生抗拒心理。 |
| （ ） | 4. 在对方毫无思想准备的情况下突然发问，让他们感到下不了台。 |
| （ ） | 5. 提问之后又自说自话地逼迫对方放弃某一个选项。 |

◎ 场景练习

　　F先生的朋友遇到了情感上的问题。他追求的女孩不喜欢他，而另一个他不喜欢的女孩在追求他。父母欣赏后一位女孩，百般劝说儿子放弃前者接受后者，还委托F先生做说客。F先生夹在中间有些为难，他要搞清楚朋友的真实想法再给建议。

假如我是F先生，会这样问朋友为什么拼命追前一个女孩：＿＿＿＿＿＿＿＿

＿＿＿＿＿＿＿＿＿＿＿＿＿＿＿＿＿＿＿＿＿＿＿＿＿＿＿＿＿＿＿＿＿＿＿＿＿＿

然后再问他觉得后一个女孩哪里不好：＿＿＿＿＿＿＿＿＿＿＿＿＿＿＿＿＿＿

＿＿＿＿＿＿＿＿＿＿＿＿＿＿＿＿＿＿＿＿＿＿＿＿＿＿＿＿＿＿＿＿＿＿＿＿＿＿

## 第十章

## 高效对话依赖节奏感，情绪收放也要讲方法

人们都知道情绪对交谈氛围的影响很大，但经常会忽略节奏感对沟通的影响。当对话节奏过快时，沟通双方的情绪容易变得激动急躁，一不小心就会产生火药味。当对话节奏过慢时，沟通双方会因为交流过程太冗长而情绪低落，渐渐失去继续说下去的兴致。所以，把情绪和节奏感调整到最有利于沟通的状态，也是实现高效对话的关键环节。

有些人误认为高效对话就是凡事只说要点和结论，不加任何修饰。殊不知，这种干巴巴、冷冰冰的交谈方式会让沟通对象感到枯燥乏味，无法调动情绪去积极回应。实践证明，真正的高效对话需要的是逻辑与情绪的生动组合。缺乏感情就不能深入人心，道理的感染力就会大幅度下降。到头来，沟通效率反而因为语言进不到对方心坎里而变得更低。

## 坏情绪是破坏对话的第一杀手

友好交流是众人所愿，但大家并不是时时刻刻都能保持好心情，经常会因为烦心事而情绪大坏。谁都会有情绪糟糕的时候，但在对话过程中，不朝沟通对象撒气是基本修养。毕竟，谁也不想被坏情绪伤害。

大道理都懂，但小情绪难以克服，这就是沟通中的常见问题。有些人的思维方式和表达方式都很情绪化，给人一种脾气很坏的印象。于是对话难以顺利进行。尽管情绪化的人事后可能会懊悔，但总是改不掉这个习惯。原因何在？

约瑟夫·格雷尼指出："他们认为在这种情况下自己的情绪和行为是唯一正确合理的反应，认为每个人在这种情况下都会做出同样的举动。正因为他们觉得这种情绪既合理又正确，因此不愿尝试改变或质疑这种情绪。换句话说，对话'低手'总是成为情绪的俘虏，自己还毫不知情。"

纵然我们意识到不控制坏情绪会破坏对话，也很难克服自己的情绪化反应。当极力压抑情绪的我们在对话中遇到无法妥协的问题时，积压在心里的负面情绪就会喷薄而出，以更具破坏力的形式爆发。

欠佳的表达："你竟敢说我在别的项目上乱花钱，还有其他人对这件事有意见吗？没有的话，这件事到此为止。谁敢再提，看我以后怎么收拾他！"

正确的表达："嗯，这个问题问得好，我们有必要讨论一下。我很高兴你能提出这个问题，谢谢你这样坦率直言，这说明你对我十分信任。……这就是我的考量。当然，这并不能成为我的借口，我确实有考虑不周的地方。"

由上述案例可知，任由坏情绪充斥头脑会破坏原本可以好好商量的对话氛围，让问题变得更加不可收拾。

压抑情绪是隐藏的对话杀手，并不能改变情绪化沟通的问题。对此，约瑟夫·格雷尼给出了很好的建议。他说："对话高手既不会成为情绪的奴隶，也不会隐藏或压抑自己的情绪。与此相反，他们会驾驭情绪，成为情绪的主人。也就是说，在出现强烈情绪时，他们会通过认真分析的方式影响和改变自己的情绪。这样做的结果是，他们可以做到选择情绪，进而有机会选择可能带来良好结果的行为方式。"

不过，说起来容易做起来难，这需要长期不懈地坚持训练。但是，你要相信自己能够做到这一点，而且必须这么做。否则就无法学会如何进行高效对话。

## » 沟通问题的自我检查 » » » » » » » » » » » » » »

在下表中选择你认为符合自身情况的描述，在其前面的括号里打"√"，每空1分，最高5分，最低0分。得分越高，说明你需要改进的细节越多；反之，则说明你有比较良好的沟通习惯。

| ( ) | 1. 在对话过程中经常用不耐烦的语气说话。 |
| --- | --- |
| ( ) | 2. 对话稍微有点不顺就大发雷霆。 |
| ( ) | 3. 以真理掌握者自居，动不动就讥讽辱骂对方。 |
| ( ) | 4. 心情不好时向无辜的沟通对象撒气。 |
| ( ) | 5. 不调整好情绪就急于发言，导致情绪越来越暴躁。 |

◎ 场景练习

　　A 小姐是一名总经理，正在组织一个会议。公司的项目遭遇了挫折，各部门主管在会议桌上相互指责，情绪越来越激动。A 小姐看到会议的节奏走向混乱，要设法平息大家的情绪，让讨论回归正常轨道。

假如我是 A 经理，会这样劝阻部下们的争吵：＿＿＿＿＿＿＿＿＿＿＿＿＿＿
＿＿＿＿＿＿＿＿＿＿＿＿＿＿＿＿＿＿＿＿＿＿＿＿＿＿＿＿＿＿＿＿＿＿＿＿

然后再用这些话来安抚众人的坏情绪：＿＿＿＿＿＿＿＿＿＿＿＿＿＿＿＿＿＿
＿＿＿＿＿＿＿＿＿＿＿＿＿＿＿＿＿＿＿＿＿＿＿＿＿＿＿＿＿＿＿＿＿＿＿＿

## 不慎出错时，应该冷静地巧打圆场

人无法保证每一句话都说得完美无缺。在对话过程中，我们难免会出现一些纰漏甚至错误。出错会让人心情紧张，从而变得更加慌不择言。遇到这种情况时，必须先冷静下来才能想办法打圆场。该怎么做呢？

相较其他对话场合而言，一对多的演讲最容易让人们感到慌乱。尤其是在众目睽睽之下出现差错的时候，你可能会头脑一片空白，也可能羞愧得想找个地缝钻进去。但这些都无济于事，除了冷静应对之外，你没有其他路可走。除非你能忍受夹着尾巴当逃兵的耻辱。

彼得·迈尔斯教授指出："如果你的信念是'我是个糟糕的演讲者'，那么，你就有了一个永远不发表演讲的完美借口了。如果你有'将注意力吸引到自己身上是一件糟糕的事情'这样一个信念，那么为了避开聚光灯，你将会做任何事情。但是，现在情况变了——你需要极大地提高你对周围人的影响力。"

如果不肯面对风险和压力，高效对话是不会从天上掉下来的。真正的对话高手绝不是从不犯错误的神人，他们只是勇于面对错误并沉着纠正错误，能用幽默感化解尴尬，或者巧妙地利用失误来导入话题。

欠佳的表达："不好意思，我这个人比较笨。刚才不小心跌了一跤，让大家

看笑话了。"（强颜欢笑）

正确的表达："接下来要讲的是十年前的事，那时候我栽了一个比刚才更大的跟头。"（自然地笑）

想要减少不必要的失误，我们就得认真准备、多多演练，把想说的内容烂熟于心，把自己的身心状态调整到最佳水平。然后，你最需要做的是放松，让自己变得更自然一些。

戴尔·卡耐基建议道："我无数次告诉你要表现自然，你可能会误以为我会因此宽容你运用一些拙劣的词语，进行单调的讲话，只求自然就行。相反，我所说的'自然'是指我们在充满活力地表达自己观点的同时，做到自然。另一方面，每个优秀的演讲者绝不会觉得自己无法再扩展词汇，无法再丰富想象力，无法再增强表达形式的多样化和力度。这些正是每个自强不息的人应该去追求自我提高的几个方面。"

轻松自然的心态能避免我们因过度紧张焦虑而犯错，更好地发挥自己的特点。坚持这样做，对话效率就可以提升了。

## » 沟通问题的自我检查 » » » » » » » » » » » » » » » »

在下表中选择你认为符合自身情况的描述，在其前面的括号里打"√"，每空1分，最高5分，最低0分。得分越高，说明你需要改进的细节越多；反之，则说明你有比较良好的沟通习惯。

| （　） | 1. 出现错误时脑袋一片空白，愣在原地不知该说什么。 |
| --- | --- |
| （　） | 2. 出问题时六神无主，语无伦次。 |
| （　） | 3. 为了避免出错，过于紧张焦虑，导致对话不自然。 |
| （　） | 4. 为了给前一个错误打圆场，不小心再次说了不该说的话。 |
| （　） | 5. 因为怕丢面子，死撑着不认错，招致沟通对象反感。 |

◎ 场景练习

B先生是一名作家，受邀去参加新书发布会。主办方要求他顺便做一个演讲。然而在上讲台后，他发现自己的演讲稿没带。更糟的是，话筒突然没了声音。场面非常尴尬，他要冷静地扭转这个局面。

假如我是 B 先生，会这样打趣说：_____

_____

为了避免工作人员换话筒时冷场，我会这样与读者互动：_____

_____

## 兴高采烈也不能得意忘形

得意忘形是人们常见的毛病之一。在你心情大快的时候，可能会不经意间说一些得罪人的话，令对方心生嫌隙甚至当场翻脸。这种情况无疑会让原本顺利的对话变得虎头蛇尾。

影响沟通的不只是坏情绪，好情绪也可能是"福兮祸之所伏"。人很容易自我膨胀，忘乎所以，在极度兴奋的状态下会解除平时的自我约束，放纵自己的行为和语言。当你不再谨遵沟通专家和过来人的教诲，跟别人没大没小地说话时，祸从口出的道理恐怕会分分钟教你重新做人。

沟通专家约翰·R.斯托克说："我们的大脑一直都在下意识地进行本能评价，评价继续展开某个对话或与某人继续打交道是否安全。因此，我们的情绪化反应或不安情绪其实就在告诉我们，在不知不觉中，我们已经做出了某种评价或解读。"

也正因为如此，人们得意忘形时脱口而出的话经常被视为完全不加修饰的"真心话"。如果这种"真心话"的内容对沟通对象不敬，将直接破坏你和他之间的人际关系。于是正常对话就难以继续友好地进行下去了。毫无疑问，这并非你希望看到的结果，但责任完全在因得意忘形而口不择言的你。

欠佳的表达："老兄，不是我说你，你也该改一改那个臭毛病了。"

正确的表达："你这人什么都好，如果把那个坏毛病改掉，就更好了。"

为了避免忘乎所以，我们应当时常怀着一颗自省之心，抗衡人类与生俱来的局限性。

乔治·汤普森博士建议道："如果这么做让你自我感觉良好，那么通常这件事的结果都不会好。如果你口无遮拦，想说什么就说什么，那么十有八九你会犯错。因为你自己对自己感觉好的时候，往往是你满足了自己的虚荣心，攻击打压了别人的时候。"

彼此都感觉良好，才是高效对话的特征。假如只是你单方面感觉良好，就得警惕自己是否有些得意忘形了。

» 沟通问题的自我检查 » » » » » » » » » » » » » » » »

在下表中选择你认为符合自身情况的描述，在其前面的括号里打"√"，每空1分，最高5分，最低0分。得分越高，说明你需要改进的细节越多；反之，则说明你有比较良好的沟通习惯。

| （　） | 1. 由于情绪太亢奋，不再注意沟通礼节，没大没小的。 |
| （　） | 2. 不经意间流露出了带有歧视性的语言，让沟通对象感到厌恶。 |
| （　） | 3. 完全没注意到沟通对象此时正在对自己的得意忘形感到不满。 |
| （　） | 4. 心情大好时口无遮拦，不知不觉中戳了别人的痛处。 |
| （　） | 5. 对待初次交谈的人过分亲昵，给他们造成了压力。 |

◎ 场景练习

C先生工作能力很强，唯一的毛病就是贪杯而且醉后会胡言乱语。这天，公司团队与合作方代表开庆功宴。C先生一高兴，多喝了几杯，就不经意说起公司下一步的未公开计划。你要在不让对方尴尬的前提下制止他无意识的泄密。

我会这样巧妙地打断 C 先生的酒话：_____

_____

假如他还想多喝几杯，我会这样劝阻：_____

_____

# 热情大方以没有压迫感为度

热情大方的态度是很好的沟通工具，能让沟通对象愿意向你敞开心扉。但事物总是过犹不及的，当热情超出了一定限度时，对方感受到的就不是友善，而是令人透不过气的压迫感。

在对话过程中，对方冷漠的态度会让你的沟通兴趣呈跳水式下降。用热脸贴在人家的冷屁股上，没有什么比这更伤人自尊的了。一般人遇到这种情况时，会忘掉最初的对话目标，放弃沟通的努力。假如你希望对方能热情地跟你攀谈，那么你首先要以足够的热情来对待他，以免对方因感到被冷落而拒绝交流。

热情是个好东西，但过度了也是一种负担。火辣辣的热情无助于提高沟通效率，反而可能导致对话节奏太过热烈，让沟通对象退避三舍。

约翰·R.斯托克在《真实对话》一书中写道："'逃跑'或消极的沟通者通常更感兴趣的是，使自己脱离水深火热的时刻，而不是加入激烈的交流。结果，对话中的许多信息都没有说出来或避开。此外，消极的沟通者通常是不坦率、不直接的，也不会明确表达他们的期望或想法。因此，他们的对话更容易遭到误解或表达不清。"

消极的沟通者不善于表达，而过度热情的沟通者会给他们带来较大的压力，让他们感觉自己被别人强行推着前进。这种压迫感同样会让他们失去对话的兴趣，只想落得个耳根清净。

欠佳的表达："你看我一有空儿就跑来帮你这帮你那的，你还有什么不满的？"

正确的表达："看来你的烦恼已经解决得差不多了，我可以放心了，以后有问题记得找我。"

过度热情容易让对方感到不真实，神经变得更为紧张。这种不安全感会影响沟通者的情绪，让他们对坦诚地交流缺乏信心。

科里·帕特森先生指出："当回顾你观察到的表现时，注意控制你的语气和表达方式。实际上，承认对方的情绪就能营造出对话安全感，这个观点并非事实。安全感的营造是因为我们的语气和表达方式可以让对方感受到我们毫不排斥对方产生的情绪。只要我们做好了这一点，对方就会认为压抑自己的情绪是多余的，从而产生和我们坦率交流的信心。因此，在描述观察到的情况时，我们必须做到冷静客观。如果我们紧张不安或是流露出厌恶对方观点的表现，安全感的营造就无从谈起了。恰恰相反，我们这样做只会坚定他们想要保持沉默的念头。"

所以，为了实现高效对话，我们应该在展现自己热情大方的同时，尽可能地不给对方太多压迫感，减少那些带有控制性的语言和行为。唯有如此，才能让沟通对象不再把对话当成一种负担，真正享受对话带来的轻松愉快感受。

» 沟通问题的自我检查 » » » » » » » » » » » » » » » »

在下表中选择你认为符合自身情况的描述，在其前面的括号里打"√"，每空1分，最高5分，最低0分。得分越高，说明你需要改进的细节越多；反之，则说明你有比较良好的沟通习惯。

| ( ) | 1. 以为说话态度越热情越好，没有考虑到对方是否喜欢这种热情。 |
| ( ) | 2. 自认为说话热情大方，但沟通对象认为是在炫耀优越感。 |

续表

| （　） | 3. 当沟通对象希望结束这个话题时还不依不饶、滔滔不绝。 |
| --- | --- |
| （　） | 4. 笑着指责对方不够开朗大方，以此拔高自己。 |
| （　） | 5. 谈话节奏太紧密，不给对方沉思的间隙。 |

◎ 场景练习

D先生性格温和沉静、惜字如金，正在商店里寻找自己想要的户外运动装备。导购员从他一进门就热情接待，如影随形，滔滔不绝。这种过度热情让D先生感到非常困扰。

假如我是D先生，会这样跟导购员温和地提意见：＿＿＿＿＿＿＿＿＿

＿＿＿＿＿＿＿＿＿＿＿＿＿＿＿＿＿＿＿＿＿＿＿＿＿＿＿＿＿＿＿

假如我是导购员，会在对方面露难色时改口说：＿＿＿＿＿＿＿＿＿

＿＿＿＿＿＿＿＿＿＿＿＿＿＿＿＿＿＿＿＿＿＿＿＿＿＿＿＿＿＿＿

# 冷静理智搭配"人情味"更佳

性格冷静理智的人思路清晰，谈吐条理分明，往往让人一听就能抓住重点。但他们通常感情色彩淡薄，给对方留下不好接触的印象，不敢与之对话。理智型人该怎样让自己表现得更加轻松风趣、平易近人呢？

沟通艺术是多种多样的，有的人擅长冷静如冰地剖析，洞察事物背后的本质；有的人擅长煽情，调动听者的情绪。沟通风格无优劣，运用水平有高低，扬长避短是真理。对于那些冷静理智的朋友来说，过于忽略感性的力量，也会削弱对话效果。

彼得·迈尔斯教授指出："强烈的情感会让你说话更具'黏性'，或者说更让人难忘。如果你的甜点非常好，听众将会永远记住它，即使他们已经忘记了你的数据，也忘不了你曾给他们的甜点。最好的甜点就是一则故事、逸事、一个比喻或想象。它可以是能给听众带来强烈情感共鸣的任何东西，也可以是能增强你讲话要点的任何想象。"

过于感性的言辞经不起冷静的审视，其荒谬之处会在现实面前被无情揭露。但人是感性与理性兼具的动物，只有两方面都兼顾的优美语言，才能带给沟通对象最好的对话体验。

欠佳的表达："你们这些站着说话不腰疼的家伙，没有一个真正做过完整的电视剧，根本不知道业内的艰辛。"

正确的表达："有些非业内的朋友可能不知道，你看到的那一秒钟镜头，我们的工作人员却花了二十天才拍好。剧中设定是夏天，但实际拍摄是在冬天进行的。"

由上述例子可知，冷静理智的思考与有人情味的例子相结合，是一个很好的高效沟通套路。

戴尔·卡耐基指出："听众对你所述例子中的人情味全神贯注，会让你感到宽慰。这种感觉是你在演讲之初最迫切需要的。沟通是一个双向的过程，需要获得人们注意力的演讲者应该立刻意识到这一点。一旦感受到被接纳并有一种期盼，就像由听众头上产生的电流一样强烈，演讲者就会继续斗志昂扬地讲下去，竭力来回应听众。"

由此可见，富有人情味的内容能很好地促进沟通双方的互动，彼此的认可强化了交流兴趣，从而让对话效率达到最高水平。

» **沟通问题的自我检查** »  »  »  »  »  »  »  »  »  »  »  »  »  »  »

在下表中选择你认为符合自身情况的描述，在其前面的括号里打"√"，每空1分，最高5分，最低0分。得分越高，说明你需要改进的细节越多；反之，则说明你有比较良好的沟通习惯。

| ( ) | 1. 说话冷冰冰的，被别人批评时毫无感情。 |
| --- | --- |
| ( ) | 2. 发言理智而有逻辑性，但措辞太尖酸刻薄。 |
| ( ) | 3. 当沟通对象希望得到安慰时，却对他进行长篇大论的说教。 |
| ( ) | 4. 发言缺乏同情心，引起沟通对象的误解。 |
| ( ) | 5. 计较太多细节，让沟通对象不胜其烦。 |

◎ 场景练习

　　E 先生在朋友中以理智严肃著称，经常让人感觉说话冷静得没有感情。其实他只是不善于表达自己内心的温情。这天，他跟朋友们聊天，有人兴致勃勃地谈论一则朋友圈里传疯了的谣言。E 先生想要在不伤和气的情况下给大家辟谣。

假如我是 E 先生，会这样对那位朋友开玩笑说：＿＿＿＿＿＿＿＿＿＿＿＿＿

＿＿＿＿＿＿＿＿＿＿＿＿＿＿＿＿＿＿＿＿＿＿＿＿＿＿＿＿＿＿＿＿＿＿

假如氛围变得有些尴尬，我会这样调节气氛：＿＿＿＿＿＿＿＿＿＿＿＿＿

＿＿＿＿＿＿＿＿＿＿＿＿＿＿＿＿＿＿＿＿＿＿＿＿＿＿＿＿＿＿＿＿＿＿

## 偶尔沉默三秒钟，把对话节奏调整到最佳

对话节奏对沟通效率有着直接的影响，但并不是说对话节奏越快效率就越高。有时候，适度的沉默比连珠妙语更有利于控制局面。

对话意味着打破沉默，但沉默在对话中依然有着不可取代的作用。很多时候，我们过于追求对话的连贯性，试图以滔滔不绝来保持热烈的沟通氛围。但这并不意味着对话效率真有表面上那么高，因为对方可能只是被你的话题牵着走，无暇理解你要表达的意思。

此外，不少人都没有连珠炮式发言的习惯，于是经常会用无意识的口头禅来停顿一下，以便脑子跟上嘴巴的节奏。如"呃——""这个——""那个——"等口头禅，就容易把发言肢解得支离破碎，让对方的注意力难以集中。消除这种对话杂音的最佳方式就是在自己想停顿的地方沉默三秒钟。

沉默三秒钟，不多不少。这个短暂的"空白时间"会让快节奏的对话一瞬间慢下来。对方的大脑也能从高速运转中突然清醒过来，将注意力更加集中在讨论话题上。

欠佳的表达："刚才你说了那么多内容，呃，让我感到很稀奇，尤其是这个，这个——"

正确的表达："刚才听了你那么精彩的发言，很多内容令人大开眼界，让我消化一小会儿。"

彼得·迈尔斯教授也认为运用停顿是一种很好的沟通技巧。他指出："有效的停顿是到达一个要点的基础，就像高台跳水前的静止时刻一样。用节奏、音调及音量为你的停顿做准备。快说到你想表达的重要内容时，停顿片刻。你基本上以一种吸引听众对你接下来要讲的内容感兴趣的方式吊起了听众的胃口。'有一件事情，我想与大家分享……'之类的停顿，会引起听众的极大好奇。停顿就是你为他人创造一种体验的空间，那也是发现要点的地方。"

对话节奏，即说话的速度并非越快越好。当你希望对方注意听接下来要讲的重点时，可以放缓语速，故意做一个三秒钟的停顿，然后再重新逐渐加快语速。这样一来，沟通对象就会像听音乐一样关注你说的话。

» 沟通问题的自我检查 » » » » » » » » » » » » » » » »

在下表中选择你认为符合自身情况的描述，在其前面的括号里打"√"，每空1分，最高5分，最低0分。得分越高，说明你需要改进的细节越多；反之，则说明你有比较良好的沟通习惯。

| （　） | 1. 一直单方面说个不停，把自己累着了。 |
| （　） | 2. 说话太快，沟通对象没多少插嘴的机会，甚至来不及反应。 |
| （　） | 3. 在对方尚未思考完毕时就出声，让对话节奏变得过快。 |
| （　） | 4. 说的内容太多太复杂，让沟通对象来不及好好消化。 |
| （　） | 5. 自己停下来沉思太久，造成了冷场的尴尬局面。 |

◎ 场景练习

F小姐思维缜密，说话滴水不漏，但动不动就给别人上一堂长篇大论的课。

大家在佩服其见识的同时，也觉得她这种对话方式让人来不及喘气。这天，有位对人生感到困惑的同事请求 F 小姐指点迷津，那人素来脑子转得不快，听不懂长篇大论。

假如我是 F 小姐，会先这样询问那位同事的想法：＿＿＿＿＿＿＿＿＿＿
＿＿＿＿＿＿＿＿＿＿＿＿＿＿＿＿＿＿＿＿＿＿＿＿＿＿＿＿＿＿＿＿

沉默三秒钟后，我会这样开始指点：＿＿＿＿＿＿＿＿＿＿＿＿＿＿＿＿
＿＿＿＿＿＿＿＿＿＿＿＿＿＿＿＿＿＿＿＿＿＿＿＿＿＿＿＿＿＿＿＿

## 第十一章

## 把握"关键对话"，突破最棘手的沟通障碍

假如解剖一段对话，我们会发现真正影响其决定性作用的对白只有一小部分，其他语言基本上都是围绕这段"关键对话"做铺垫或注释。整个交谈过程中最棘手的障碍，往往也出现在"关键对话"环节。假如你在沟通中不小心出了纰漏，或者说错了话，只要没有破坏"关键对话"，就还能补救回来。可是一旦在"关键对话"环节出了乱子，沟通必定会失败。

在生活中，沟通双方往往不会轻易地开门见山、直奔主题，而是先抛出话题来试探对方的态度，不断把内容往"关键对话"上引导。这样做是因为大家都希望获得安全感，降低一开口就撕破脸的风险。当我们讲到"关键对话"时，通常也就到了摊牌的时机。如果不能把握好这最后一个关键环节，沟通工作就会功亏一篑。

# "关键对话"决定沟通的最终结果

　　沟通双方在交流时会收发很多信息，但其中大部分都是客套话或铺垫，涉及核心利益冲突的"关键对话"才是决定性内容。前面提到的各种技巧都是为"关键对话"服务的。假如这个环节做不好，就前功尽弃了。

　　沟通是一种带有不确定风险的活动。因为半数以上的沟通都是建立在意见、立场等相冲突的基础上，都把对话作为解决矛盾冲突的手段。换言之，我们的对话能否成功达到目的，取决于能否处理好那个矛盾的根源。

　　美国学者科里·帕特森、约瑟夫·格雷尼、罗恩·麦克米兰、艾尔·史威茨勒等人提出了"关键对话"的概念。所谓关键对话，指的是那些观点迥异、充满风险、双方表现出激烈情绪的对话。

　　关键对话并非只出现在社会中那些高高在上的"关键人物"的身上，而是像空气一样无处不在地充斥着普通人的生活。与普通的聊天相比，关键对话最主要的特征是对话双方的观点有很大差异，容易引发冲突，而且对话双方很难控制好自己的情绪。因为，关键对话涉及的是避无可避的核心利益，不像普通聊天那样能轻松跳过去。假如不能处理好关键对话，沟通效率是不可能从根本上提高的。

欠佳的表达："负责视察你们工作的领导临时有事，视察推迟到明天，大家今天各回各位，都散了吧。"

正确的表达："我不希望你们认为我不重视你们的努力，恰恰相反，我认为你们的贡献非常突出。但是很不幸，现在公司总部遇到了一个急需解决的问题，不得不推迟这次视察工作。我回头确认一下，明天总部是否会派人来视察，看看你们的出色成绩。"

上述案例很好地体现了科里·帕特森与约瑟夫·格雷尼提出的两大对话原则：

1. 明确自己希望通过对话达到什么样的目的。因为在激烈情绪的影响下，人们往往会走向缄默不语或疯狂发作两个极端，忘记了沟通的初衷是寻找解决问题的办法。

2. 在对话过程中始终注意维护安全感，让沟通对象毫无心理压力地跟你对话。唯有这样，才能让对方放下思想包袱，没有顾虑地跟你吐露真情实感。在这种相互尊重的氛围下，你才能真正做到将心比心、换位思考，通过一句话、一个肢体动作、一个眼神传达友好的信号，让沟通对象真正信服你。

想要处理好"关键对话"，我们必须时刻遵循这两大对话原则。

## 》 沟通问题的自我检查 》 》 》 》 》 》 》 》 》 》 》 》 》 》 》 》 》 》 》

在下表中选择你认为符合自身情况的描述，在其前面的括号里打"√"，每空1分，最高5分，最低0分。得分越高，说明你需要改进的细节越多；反之，则说明你有比较良好的沟通习惯。

| （ ） | 1. 无论什么类型的对话，都不做任何铺垫，上来就直奔主题。 |
| --- | --- |
| （ ） | 2. 把客套话当成真心话，导致理解偏差。 |
| （ ） | 3. 花了很大篇幅讲不重要的事情，对核心问题反而只是随口一提。 |
| （ ） | 4. 谈话不能紧扣核心问题，致使沟通方向经常偏离到别的问题上。 |
| （ ） | 5. 被对方控制了交谈节奏，迟迟无法进入关键对话环节。 |

◎ 场景练习

　　A 先生是你的员工，为人幽默、勤奋，业绩出色。大家都挺喜欢他，只是讨厌一点——别人一提意见，他就脸红脖子粗地急眼。其他人对这个问题越来越有意见，身为上司的你要提醒 A 改正自己的缺点，又不能一开口就让他暴跳如雷。

我会这样对 A 先生委婉地说：＿＿＿＿＿＿＿＿＿＿＿＿＿＿＿＿＿＿＿＿
＿＿＿＿＿＿＿＿＿＿＿＿＿＿＿＿＿＿＿＿＿＿＿＿＿＿＿＿＿＿＿＿＿＿

假如他一脸不悦，我会这样说：＿＿＿＿＿＿＿＿＿＿＿＿＿＿＿＿＿＿＿＿
＿＿＿＿＿＿＿＿＿＿＿＿＿＿＿＿＿＿＿＿＿＿＿＿＿＿＿＿＿＿＿＿＿＿

# 容易引发矛盾的"关键对话"

当沟通进行到"关键对话"阶段时，我们更要谨慎地组织语言，争取与对方达成共识。如果说错了话，就会瞬间激化矛盾，导致对话失败。什么话语会引起这样的纠纷呢？

曾经高居亚马逊畅销书首位的《关键对话》提到了16种导致灾难性后果的关键对话场景：（1）结束一段感情；（2）和总是冒犯你或喜欢提建议的同事交谈；（3）让朋友还钱；（4）指出老板一些不对的地方；（5）向经常言行不一的老板提出建议；（6）批评同事的工作表现；（7）让舍友搬走；（8）和前任配偶讨论孩子的监护权或探访权问题；（9）应对处于青春期的叛逆儿女；（10）指出队友违反承诺的表现；（11）探讨关于出轨的问题；（12）应对配偶严重的家庭暴力问题；（13）和喜欢打听小道消息的同事交谈；（14）做出不利的行为表现评价；（15）说服配偶的家人不要干涉夫妻问题；（16）提醒同事注意个人卫生问题。

在上述对话场景中，对话双方的观点往往各不相同，而且都带有强烈的情绪。一开始，双方的沟通还不至于陷入僵局，但随着时间的推移与情绪的失控，就会上升到毫不留情的语言攻击。于是沟通进入恶性循环阶段。

欠佳的表达："你的时间观念为什么总是这么差？说好当天做完的文件为什么拖了三天才交？难道你以为我不敢批评你吗？"

正确的表达："平心而论，我认为你的表现还是不错的，不过遵守时间是我很看重的一个问题，我希望你在这方面能试着改进一下。如果你以后能稍微加强一下时间观念，其他方面就没什么不足了。"

某些时候，对话双方的对立情绪在不断升级，毫不让步，最终无法通过沟通来妥善解决问题。面对这种容易发生矛盾的对话场景，我们难道只能选择逃避吗？

不，我们没必要逃避这些有一定风险的对话。科里·帕特森和约瑟夫·格雷尼等人曾经花了20年时间对10万多人进行了跟踪调查。调查结果表明："高效的企业管理者、团队成员、父母和夫妻，这些人的成功秘诀在于——他们具备灵活应对在情绪上和观点上充满风险的严重问题的能力。"也就是说，只要我们带着求同存异与适度让步的心态去好好沟通，未尝不能通过对话来顺利达成目的。

» 沟通问题的自我检查 » » » » » » » » » » » » » » »

在下表中选择你认为符合自身情况的描述，在其前面的括号里打"√"，每空1分，最高5分，最低0分。得分越高，说明你需要改进的细节越多；反之，则说明你有比较良好的沟通习惯。

| （ ） | 1. 本来双方没有什么大的分歧，但发言不当造成了龃龉。 |
| --- | --- |
| （ ） | 2. 没有怀着"求同存异"的善意去沟通。 |
| （ ） | 3. 遇到意见分歧时，语气变得急躁而不友好，破坏了交谈氛围。 |
| （ ） | 4. 提到了对方最忌讳的问题，导致谈判破裂。 |
| （ ） | 5. 抓住沟通对象的小纰漏不放，激化双方矛盾。 |

◎ 场景练习

　　B 小姐刀子嘴豆腐心，由于措辞过于尖锐，经常好心办坏事。比如这次，她的朋友做了个令自己懊悔的决定，但又没有勇气承认和纠正失误。B 小姐一着急就嚷道："你再这么下去，我们连朋友都做不成。"朋友听后则大吼要绝交。

假如我是 B 小姐，会这样劝导朋友：_____

_____

当我意识到自己出言不逊时，会这样补救：_____

_____

# 共享"观点库"，不玩"冷战"游戏

"观点库"指的是你头脑中已有的知识和想法。通过对话，我们的"观点库"会不断增加新内容。高效沟通就是一个双方共享"观点库"的过程。而那些只跟你瞎聊却不肯抛出真实观点的人，都在玩阻碍对话的"冷战"游戏。

沟通的实质就是交换信息，具体而言就是双方交换情报与想法。这种交换越充分，对话双方就越能做到知己知彼，以更精准更高效的方式进行沟通。为此，了解对方的完整观点与真实目的是高效对话的必要手段。

《关键对话》一书指出："在达成共同目的之前，你必须首先了解对方的真正目的是什么。因此，你应当暂停先前的对话内容（因为它关注的是策略），转而探索策略背后隐藏的目的。当你成功区分策略和目的之后，新的选择自然就会出现。放松对行动策略的关注，强调你的真正的目的，这样可以帮助你拓展四维空间，找到对双方都有利的选择方案。有时候，当你发现隐藏在对方行为策略之后的目的时，会意识到原来你们的目的存在相同之处。这时，你只需提出共同策略即可。"

我们在对话中陈述的想法其实属于"策略"的范畴，跟"目的"相关但不等于"目的"本身。别人不同意我们的"策略"，并不等于他们反对我们的"目的"。对于这点，你必须学会开阔视野，寻找对双方都有意义或收益的共同目标，而不是执着于那些让你和沟通对象产生争端的目标。

欠佳的表达："你的员工想留在公司加班是你的事，别拿你这一套来要求我。反正我的员工会周末再来公司加班，我今天不可能拦着他们跟家人团聚。"

正确的表达："这样恐怕行不通。你的员工打算留在公司加班，直到把任务全部完成为止。但我的员工想今天先回家，周末再来公司加班。咱们还是一起想想有没有两全其美的办法吧！"

通过上述案例可知，充分沟通有利于寻找共同目的，而寻找共同目的是达成共识的关键。

对此，科里·帕特森先生指出："通过寻找共同目的营造安全感之后，你可以在更安全的气氛中继续和对方讨论对话内容了。返回对话之后，你应当和对方一起开动脑筋，寻找可以满足双方需求的新策略。如果你们能说出内心的真实目的，就不用浪费精力和对方进行毫无意义的争吵，而是会积极提出对双方都有利的解决方案。如果你不愿开动脑筋尝试更多可能性，那肯定无法提出令对话双方都满意的解决方案。"

» 沟通问题的自我检查 » » » » » » » » » » » » » »

在下表中选择你认为符合自身情况的描述，在其前面的括号里打"√"，每空1分，最高5分，最低0分。得分越高，说明你需要改进的细节越多；反之，则说明你有比较良好的沟通习惯。

| ( ) | 1. 在沟通过程中打冷战，试图迫使对方做出让步。 |
| --- | --- |
| ( ) | 2. 对方主动发起对话时，却给他一张冷脸，熄灭了他的沟通热情。 |
| ( ) | 3. 不能以包容的心态去看待对方的不同观点。 |
| ( ) | 4. 不肯把自己的真实想法告知对方，懒得消除他对自己的误会。 |
| ( ) | 5. 缺乏学习精神，对别人的合理意见不以为然。 |

◎ 场景练习

　　C 先生见识不凡但性格孤僻,总是不愿吐露自己的心事和真实想法。在一次"诸葛亮会"中,大家七嘴八舌地说了很多缺乏可操作性的点子。只见 C 先生微微摇头,显然是有不同看法,但依旧保持缄默。

假如我是会议组织者,会这样对 C 先生说:　　　　　　　　　　　　　

＿＿＿＿＿＿＿＿＿＿＿＿＿＿＿＿＿＿＿＿＿＿＿＿＿＿＿＿＿＿＿＿＿＿

假如我是 C 先生,会这样坦率而不失礼貌地发表看法:　　　　　　　　

＿＿＿＿＿＿＿＿＿＿＿＿＿＿＿＿＿＿＿＿＿＿＿＿＿＿＿＿＿＿＿＿＿＿

## 通过"主动提问＋积极正面的反馈"来掌握对话主动权

主动提问有利于引导沟通方向，但还不足以掌握对话的主动权。假如你能给对方积极正面的反馈，他们就会乐于跟你对话，愿意顺着你希望的思路来交流。该怎样将"主动提问"与"积极正面的反馈"结合到一起呢？

我们先来看看对话是怎样陷入恶性循环的。

一开始，一方的语言或行为被另一方解读为消极信息，后者便对前者产生了不好的臆测，并以消极反应来应付对话。这样又使得前者对后者的消极行为做出了消极的解读，并以应激反应还以颜色。于是乎，双方的消极解读不断升级，从而演化出恶性循环的对话。

怎样阻止恶性循环呢？约翰·R.斯托克先生的建议是创造一个良性循环来取代恶性循环。

具体而言，你可以通过适当的主动提问来促进相互之间的理解，从而提高对话的质量。不过，这对一部分人来说并不容易。他们对主动提问感到为难，因为害怕这会证明自己的想法是错误或不完善的。然而，一旦你下决心建立"良性循环"的沟通机制，就会让对话走向一个完全不同的方向。

约翰·R.斯托克先生认为："让对话走向双赢的第一步是，在对方积极或消极解读了互动的某个方面后，立即进行提问，以了解对方的行为或反应背后的真实意思。"当你率先以提问和积极正面的反馈来展示诚意时，对方也会以同样积极正面的反应来回报你。"良性循环"的对话由此产生。

> 欠佳的表达："你能不能先这么办……不行，你的想法太脱离常规了。"
> 正确的表达："你看能不能先这样……我觉得你的意见比我的更加合理。"

很多人以为，只有连续不断地争论才能让对方同意自己的观点。但在斯坦福大学的沟通课讲座上，彼得·迈尔斯教授告诉大家，我们并不需要这样做，解决之道在于主动提问。他指出："对话中无论谁提出问题都会推动谈话的进行。那种为了让别人同意你的意见而不断争论的做法并不管用。一方面，在四句话之后，别人就会转移注意力了；另一方面，一个简单的事实是即使他坐在那里看着你也并不表示他在听你说话。面对这个现实吧，我们大多数人仅仅看别人的脸部表情、看别人的嘴唇来判断出他什么时候会停止说话——这样我们就知道此时该轮到我们说话了。"

实现高效对话需要双方共同努力，但我们应该利用提问来推动对话，争取主动权。这样有利于把对话导向我们希望的方向。

» ◯沟通问题的自我检查◯ » » » » » » » » » » » » » » » » »

在下表中选择你认为符合自身情况的描述，在其前面的括号里打"√"，每空1分，最高5分，最低0分。得分越高，说明你需要改进的细节越多；反之，则说明你有比较良好的沟通习惯。

| （　　） | 1. 不断向别人提问，但别人提问的时候不积极回应。 |
| （　　） | 2. 回复他人意见时态度消极而生硬，导致对方不愿意继续对话。 |
| （　　） | 3. 无视对方的发言，只顾表达自己的态度。 |
| （　　） | 4. 不正面回答别人的问题，让沟通对象感觉缺乏诚意。 |
| （　　） | 5. 不能给出妥善的回复，令别人感到失望。 |

◎ 场景练习

　　D 女士是一名企业管理顾问，受某工厂高层的要求来调研员工的工作效率和心理状态。但是一线员工普遍对参与调查缺乏积极性，也担心 D 女士回头会打小报告。他们要么不愿表明态度，要么敷衍了事。

假如我是 D 女士，会这样向他们提问：＿＿＿＿＿＿＿＿＿＿＿＿＿＿
＿＿＿＿＿＿＿＿＿＿＿＿＿＿＿＿＿＿＿＿＿＿＿＿＿＿＿＿＿＿＿＿＿

当他们心存疑虑时，我会这样取得他们的信任：＿＿＿＿＿＿＿＿＿＿＿
＿＿＿＿＿＿＿＿＿＿＿＿＿＿＿＿＿＿＿＿＿＿＿＿＿＿＿＿＿＿＿＿＿

# 拒绝做"傻瓜式选择"

"傻瓜式选择"指的是一种常见的沟通心态，即要么因为不想得罪对方而说违心的话，要么说让对方难以承受的"逆耳忠言"，把他们彻底激怒。为什么很多人都会陷入"傻瓜式选择"呢？

科里·帕特森等学者先后花了 25 年时间来研究对话高手处理关键对话的技巧，他们发现这些人的成功之处在于避免了"傻瓜式选择"。

他总结道："'傻瓜式选择'是大多数人在面对关键对话时出现的心理，认为要么道出良药苦口的事实激怒对方，要么为了保全面子违心地接受错误的决定。其实，这种'傻瓜式选择'早在我们的童年时代就已经深深植入了我们的意识之中。"

我们从小到大经历了数不尽的"关键时刻"，并多次因此碰壁受伤。于是笨拙地使用"傻瓜式选择"来给自己最低限度的安全防护。然而，高效对话最反对的就是走极端，倡导平衡有度而不伤人的沟通方式。"傻瓜式选择"显然不能实现这点。

欠佳的表达："你这家伙到底是怎么搞的？知不知道所有人都很讨厌你？……喂，你们别用这种眼神看我。你们都是只会在背后嚼舌根的胆小鬼，只有我敢当面说实话。"

正确的表达："我能跟你交流一点意见吗？我希望通过这次对话为我自己、为你、为其他人的未来带来积极影响。我不想看到你再跟其他人进行毫无意义的争论了。这样不但费时费心，也改变不了任何情况。"

"傻瓜式选择"之所以容易激化矛盾，是因为无法兼顾"百分之百的坦诚"和"百分之百的尊重"。但事实上，两者并不是非此即彼的关系，而是对立统一的关系。解决之道无非是四个字——开诚布公。

《关键对话》指出："在和他人展开充满风险、富有争议和令人情绪激动的对话时，对话高手总是能找到某种方式，公开传达各种相关信息（包括自己和他人的信息），这就是秘诀所在。成功的对话关键在于相关信息的自由交流，即双方愿意公开坦诚地表达自己的看法、分享自己的感受、说出自己的猜测。即使要表达的观点是充满争议或不受欢迎的，他们仍愿意并且能够积极和对方分享。经过对沟通高手的调查，我们发现他们无一例外都是这样做的，而且这种方式每时每刻都在他们的日常生活中重复着。"

» 沟通问题的自我检查 » » » » » » » » » » » » » » » » »

在下表中选择你认为符合自身情况的描述，在其前面的括号里打"√"，每空1分，最高5分，最低0分。得分越高，说明你需要改进的细节越多；反之，则说明你有比较良好的沟通习惯。

| （　） | 1. 明知自己的话会伤人，还要不加修饰地大声说出来。 |
| --- | --- |
| （　） | 2. 要么说违心之语，要么上纲上线地抨击。 |
| （　） | 3. 不能当面提出批评意见，只是在背地里大肆议论。 |
| （　） | 4. 不讲究方式方法，让沟通对象无法接受自己的合理化建议。 |
| （　） | 5. 为了让对方接受意见，不惜用最极端的话语来刺激他们。 |

◎ 场景练习

　　E 先生做事风格比较走极端，要么三缄其口，要么会把话说得很难听，因此得罪了很多人。他对此感到非常困扰，向你请求帮助，希望你告诉他应该怎样在不得罪人的前提下表达不同意见。

我会对他说：_____

_____

假如他固执地认为"忠言必然逆耳"，我会这样解释：_____

_____

# 别让对方在沟通中失去安全感

也许你此前没意识到，沟通双方都是需要安全感的。谁也不希望在对话中受到伤害。如果你觉得别人给你造成了某种威胁，就会产生摆脱对话的想法。说到底，都是因为维持沟通的安全感被破坏了。

我们平时聊天时可能表现得潇洒大方，一遇到关键对话就变得手忙脚乱。要么落荒而逃，要么以暴力相抗，这是人类面对危险时最原始的应对方式，而高效对话追求的是机智的说法与友善的关注。说到底，表现不佳主要是因为压力过大、安全感太低。

《关键对话》指出："关键对话经常是自发形成的，很多情况下它们都是毫无征兆地出现的。受到这种突袭的影响，你必须随时随地做出高度复杂的人际互动行为。这就是我们面对关键对话的真实状态——棘手的问题、不依不饶的对手、高度缺血的大脑和无法正常工作的思维。这就是为什么我们平素表现正常得体，可面对关键对话时却会变成十足的白痴。……实际情况是，我们被关键冲突问题难倒了，不知道该如何开始关键对话。我们之所以会把关键对话搞砸，另一个原因是很少在现实生活中看到成功进行沟通的行为模式。"

的确，当我们遭遇关键冲突问题时会大脑缺血、思维混乱，临场发挥的应对方式往往是情绪化的，通过把自己的压力施加到对方身上来获取安全感。但这样一来，对方势必会感到不安，于是采取上述两种最原始的应对方式来回答。

欠佳的表达："虽然你是我们学校的运动健将，但就你这种考不上大学的成绩，你以后会在社会上经常坐冷板凳，没人会高看你一眼。你最终不会有什么出息。所以你现在给我好好学习吧，年轻人！"

正确的表达："作为优秀的运动员，你为咱们学校争了不少光。但你现在的学习成绩跟你在体育上的成就不太相称。很多外国体育明星都是顶尖大学的毕业生。你何不以他们为榜样激励自己发愤图强呢？"

那么，怎样才能给沟通对象营造足够的安全感呢？

《关键对话》称："坦诚相对可能冒犯对方时，为了说出内心真实的想法，我们必须想办法维持安全感。这种情况就好像我们既要痛打别人又对自己说不要伤害对方一样，我们怎样才能直言不讳又不伤害对方的自尊呢？其实，只要你准确地掌握自信、谦逊和技巧这三个方面的火候，这个问题便可迎刃而解。对话高手有足够的自信，可以和任何需要讨论问题的人讨论任何需要解决的问题。他们很自信能让对方倾听自己的观点，他们很自信能以坦诚的方式沟通，不会让对方受到伤害或冒犯。他们能够说出常人不敢直言的敏感问题，而且对方还会为这种诚实心存感激。"

» **沟通问题的自我检查** » » » » » » » » » » » » » » » »

在下表中选择你认为符合自身情况的描述，在其前面的括号里打"√"，每空1分，最高5分，最低0分。得分越高，说明你需要改进的细节越多；反之，则说明你有比较良好的沟通习惯。

| （  ） | 1. 在交谈中屡屡使用恐吓之语，不把对方吓倒不罢休。 |
|---|---|
| （  ） | 2. 没有注意到对方的焦虑，用毫不在意的语气来说他们非常重视的问题。 |

续表

| | |
|---|---|
| （　） | 3. 经常让沟通对象体验到压迫感，而不能让他们安心。 |
| （　） | 4. 不善于安抚别人，甚至喜欢看别人紧张得不知所措的样子。 |
| （　） | 5. 沟通内容完全不涉及对方最关心的问题，让他们缺乏安全感。 |

◎ 场景练习

F 小姐胆小谨慎，前怕狼后怕虎，非常容易陷入焦虑。她对自己未来的前途感到迷茫，所以来找你商量。你注意到她有很多想法不切实际，放任下去迟早会摔个大跟头。可说话太重的话，又会把 F 小姐吓得信心全无、极度自卑。

假如我是 F 小姐的朋友，会这样说：_____

_____

假如她开始感到自卑，我会这样鼓励她：_____

_____

## 第十二章

## 比直接争辩更能促成共识的沟通技巧

　　沟通的最终目的是达成某种共识。但达成共识恰恰是沟通活动中最不确定的事情，可能非常顺利，也可能充满曲折。因为，并不是所有的沟通对象跟你的看法都相近。他们可能不理解或不赞同你的意见，除非你能给出令人信服的理由。为了实现这个意图，双方往往会针对有分歧的地方进行争辩。经过争辩后能达成共识或者不用争辩就能达成共识，即为高效对话。如果经过激烈争论后依然无法达成共识，就算是低效对话。

　　其实，高效对话不只跟我们的辩论口才有关，还有别的非口才因素也会影响沟通效率。除了直接争辩，我们还可以使用更加巧妙的说服手段，让对方愿意接受我们的观点。良好的亲和力与沟通礼仪能让交流氛围更为融洽，不容易发生冲突。真诚的赞美、巧妙的批评、不伤人的拒绝、力所能及的承诺，都有助于破除沟通障碍，让双方能更加顺利地达成共识。

# 增加自身亲和力，别人才喜欢跟你对话

亲和力是一种非常吸引人的魅力。当你浑身散发着友善的亲和力时，沟通对象就会不由自主地被你感召，放下紧张和焦虑，倾吐胸中的块垒。这无疑对促进高效对话有极大的帮助。

回想一下那些你认为有亲和力的人物，是不是会不由自主地放下戒心，把他们当成自己人？正因为你把他们当成了自己人，相信对方不会害你，所以他们说什么你都愿意听，并甘之如饴。

乔治·汤普森博士指出："在激烈的冲突中保持平静，避免语言暴力对自己产生作用，甚至在与敌人面对面的时候，与对方产生共鸣。如果你拒绝跟人们共鸣，那么你就没法让人们真正地听你说话，更别说要人们接受你的帮助了。不管你有多真诚，他们都会将你拒之门外。如果你愿意停下来那么一小会儿，想对方之所想，言对方之所言，你就能马上和对方建立和谐的亲密感。"

由此可见，想要提高亲和力，就得学会设身处地为对方着想，说出他们希望听到的话。这样他们才会解除对你的疑虑，把你视为可以相信的同伴。

欠佳的表达："过来！我命令你照我说的做，你不要妄想可以逃避责任。"

正确的表达："抱歉，有个情况，我需要花一点时间和你好好谈一谈。就耽误你一小会儿。"

彼得·迈尔斯教授向斯坦福大学的师生介绍过一种持续刺激大脑产生积极情感反应的办法，这能为你带来更好的感染力和亲和力。具体做法如下：

1. 姿势：挺胸抬头，身躯就像有绳子把你往上拉一样挺拔。

2. 呼吸：做舒缓绵长的深呼吸，采取腹式呼吸的方式，气沉丹田。

3. 走动：如果环境允许，你可以在现场走一走。回想一下自己平时最自信满满、心情舒畅的时候是怎么走路的，现在就照葫芦画瓢。

4. 手势：在说话的时候，尤其是分享心得和情感的时候，运用双臂和双手的肢体语言展现自信、快乐、温和的气息。

5. 表情：把你最灿烂的笑容展现出来，不要刻意强装笑脸，内心想着最让自己欣喜的事情，再展现此刻自然流露的表情。

» ☐ 沟通问题的自我检查 » » » » » » » » » » » » » » » » »

在下表中选择你认为符合自身情况的描述，在其前面的括号里打"√"，每空1分，最高5分，最低0分。得分越高，说明你需要改进的细节越多；反之，则说明你有比较良好的沟通习惯。

| （　） | 1. 交谈的时候过度威严肃杀，让对方战战兢兢、不敢开口。 |
| --- | --- |
| （　） | 2. 态度过于生硬，导致别人不愿意与自己沟通。 |
| （　） | 3. 一开口就让别人更紧张，而不是更放松。 |
| （　） | 4. 沟通的时候不苟言笑，也对别人的幽默感不以为然。 |
| （　） | 5. 曾经被别人批评是"狗嘴里吐不出象牙"。 |

◎ 场景练习

A先生是一名商场保安，身材魁梧、长相严肃，给很多人不易亲近的感觉。这天，商场里有位三岁左右的小朋友跟家长走散了，正在哇哇地哭，引得一群顾客围观。A先生赶紧上前去跟小朋友对话。他要想办法让自己变得更有亲和力些。

假如我是 A 先生，会先安慰小朋友说：_____

_____

我会这样问他关于家长的线索：_____

_____

# 用巧妙的赞美来唤醒对方的愉快记忆

赞美就像是催化剂，可以促进对话，也可以迟滞沟通。关键在于赞美是否说到了点子上。如果能唤醒沟通对象的愉快记忆，他们就能对你放下疑虑，以积极的情绪来感受你的言辞。什么样的赞美才能实现这样的效果呢？

在人际交往中，赞美是最有效的激励手段，甚至比批评更能鞭策别人改正不足。

乔治·汤普森博士指出："真诚和恰当的赞美起到的作用远远不止让人们自我感觉良好。当因为某件事被赞美的时候，人们下一次总会倾向于主动去做这件事。而当他们被批评的时候，下一次可能只会草草结束，敷衍了事。你在给出赞美的时候，也是在跟人们交流，同时也在巩固你的价值观。当你的赞美非常具体的时候，就会显得更加真实和真诚，并且不管你在扮演什么角色，都会提高你的可信度。"

我们脑海中总有一些愉快的回忆，恰到好处的赞美就会唤醒这些记忆。试想一下，你的沟通对象沉浸在这种美好的感觉中时，他又怎么舍得拒绝跟你交流呢？

按照传统的建议，很多人把赞美放在批评之前，或者用赞美来开头和结尾，将批评放在中间。眼下，这种对话技巧已经逐渐失效了。因为，越来越精明的现代人熟悉了套路之后，就会把注意力完全放在"但是"二字之后。用来包裹批评的糖衣也无济于事。

　　**欠佳的表达**："你太抬举我了。你有很多地方值得我学习。"

　　**正确的表达**："你太抬举我了。我的很多观点其实都是受你的启发，比如这次写的……灵感就是上次你在朋友圈里说的一句话。"

在乔治·汤普森博士看来，赞美真正的力量在于真诚，至少让你的话听起来很真诚，否则难以起到良好的效果。那么该如何让赞美显得更加真诚呢？

首先，如果我们打算赞美别人，就不要在后面加任何"但是"，否则对方会自动脑补你下一句话要批评他。

其次，如果实在要表达批评意见，那就先提批评意见，最后再进行赞美。对方听完批评意见后会放下戒心，再听到赞美时会心情变好，更容易接受你的意见。

最后，尽可能让你的赞美具体化，越具体越好。这样就能跟其他人说的虚情假意的客套话区分开了，让对方感到别出心裁、非常受用。

请记住，巧妙的赞美必然是真诚而具体的。我们平时应该花点心思去观察沟通对象的优点，学习其他对话高手的赞美技巧。这样才能在对话中无往不利。

» 沟通问题的自我检查 » » » » » » » » » » » » » » »

在下表中选择你认为符合自身情况的描述，在其前面的括号里打"√"，每空1分，最高5分，最低0分。得分越高，说明你需要改进的细节越多；反之，则说明你有比较良好的沟通习惯。

| （　） | 1. 嘴欠，喜欢挖苦别人，而不善于夸奖别人。 |
| --- | --- |
| （　） | 2. 赞美对方时的态度过于谄媚，让人起鸡皮疙瘩。 |
| （　） | 3. 赞美之词言不由衷，让对方感觉缺乏真诚。 |

| ( ) | 4. 不切实际地称赞，夸人没夸对地方。 |
| ( ) | 5. 不善于组织语言，表达效果明褒实贬，令对方心生不快。 |

◎ 场景练习

　　C 小姐是一名高档化妆品销售员，正在拜访一位领导要求必须拿下的大客户。大客户是一位其貌不扬、雷厉风行、事业有成的中年妇女，非常反感别人的谄媚。上一个推销员就是因为称赞她是国色天香，被她直接扫地出门。C 小姐要控制好赞美的尺度。

假如我是 C 小姐，会这样称赞客户：_____

_____

然后再这样跟她说明某款化妆品对提升其整体形象的好处：_____

_____

# 为批评加点"薄荷糖"，别人才会心服口服

批评在对话中属于尖锐的行为，会引发对方的负面情绪。但在必要之时，我们不能一味地说好话，该批评的地方还是要批评。只不过，应该在批评中加一点"薄荷糖"，既安抚人心又提神醒脑。

高效对话需要营造安全感，但在有些情况下，你不得不亲手打破这种和谐的安全感。比如，我们在不得不对某人提出批评的时候，就让对话氛围变得不再安全。

约瑟夫·格雷尼先生指出："我们很多人都不具备'双路处理'（即同时关注对话内容和对话气氛两方面）能力，当对话风险很高、双方情绪激动的时候更是如此。我们往往深陷于对话内容无法自拔，几乎不可能腾出精力去观察自己和对方会有哪些细微的变化。"批评容易让沟通对象失去安全感，从而表现出冰冷的沉默或激烈的对抗，我们将越来越难以回归讨论的正轨。

所以，我们在批评对方的时候，不仅要注意措辞不能太尖刻，还要在后面加入适当的赞美。这样的批评更容易让人接受，让他们愿意去照办。

欠佳的表达："我的员工小 A 毫无时间观念，交代他当天做完的事情总是拖到两天后才做完。你问他为什么拖拉，他总是为自己找各种借口狡辩。"

正确的表达："我的员工小 A 时间观念还是不够强，有时候不能严格按照要求执行，但他吃苦耐劳也虚心好学，迟早会改掉现在的一些坏习惯。"

我们在批评对方的时候，切忌过于情绪化，对他们大吼大叫或尖酸刻薄地进行讽刺。应先从争议最少的事实说起，然后再说出你的批评意见，并鼓励对方表达自己的认识。在批评中保持沟通，而不是居高临下地抨击，这也是让沟通对象愿意接受你的重要策略。

如果对方因你的批评而心情消沉，你必须立即缓和自己的做法。对此，约瑟夫·格雷尼先生指出："记住，对问题本身越关注，你就越难以做出正确的行为表现。你应当表现出宽容、开放的心态，假定对方的观点也有价值，才能有效地解决问题。……放弃你的强硬立场和绝对化的表达，但不要放弃你的观点。你当然可以拥有坚定的信念，只要调整好表达策略就好。"

» 沟通问题的自我检查 » » » » » » » » » » » » » » » »

在下表中选择你认为符合自身情况的描述，在其前面的括号里打"√"，每空1分，最高5分，最低0分。得分越高，说明你需要改进的细节越多；反之，则说明你有比较良好的沟通习惯。

| （　） | 1. 批评得太严厉，措辞一点也不婉转，令沟通对象无法承受。 |
| （　） | 2. 批评意见与事实真相不符，令沟通对象心里不服。 |
| （　） | 3. 批评得太轻太委婉，没能引起沟通对象的重视。 |
| （　） | 4. 只批评而不表扬，不能很好地安抚沟通对象的情绪。 |
| （　） | 5. 把批评放在赞美之后，让沟通对象感到乐极生悲。 |

◎ 场景练习

D 先生是一名两头冒尖的员工，既有数一数二的业务能力，又有名列前茅的缺勤率和迟到率。公司最近招了一名能力和职业操守俱佳的新员工，D 先生在公司的地位开始动摇。D 先生的顶头上司想通过批评来促使他改掉那些毛病。

假如我是 D 先生的上司，会这样批评他：_____

_____

然后再指出 D 先生提高自己后的前途如何：_____

_____

# 后记

## 沟通障碍不只是一方的责任

当你意识到自己的时间有多么宝贵时，就更加无法容忍效率低下的对话了。一旦遇到这种情况，你会变得心烦意乱，会迫不及待地打断对方，甚至训斥他们，从而让沟通氛围变得更加紧张。要想保持高效对话，有一个情况必须牢记于心：出现沟通障碍并不总是一方的责任，也可能是双方都有问题！

试问，当你责备对方不理解你在说什么时，你是否真的做到了思维清晰、表述简明？当你责备对方总是保持沉默时，你是否注意到自己有经常打断对方发言的坏习惯？当你责备对方态度生硬时，你说话难道就很温柔体贴吗？

通过自我检查，你会意识到自己在对话中并不一定是表现得更好的一方，甚至可能是真正阻碍沟通的主因。但也不必为此灰心，因为只要你注意到本书里提到的各种沟通问题后，就可以有针对性地提高自己的不足之处，把对话效率提升上去。如果你拥有相对娴熟的沟通技巧，就可以见招拆招，努力把话说到对方心里去。这样一来，沟通对象就会逐渐放下对抗心理，认真考虑你的提议，倾吐自己的真实想法。而相互坦诚地交换意见，正是高效对话的重要前提之一。

每个人的性格迥异，谈吐风格各有千秋。需要注意的是，开朗健谈的外向型人未必比沉默寡言的内向型人更善于高效对话。因为前者可能表达欲望过于强烈，说太多意义不大的废话，谈话情绪过于激动，从而给沟通对象带来困扰。后者则可能因善于倾听而准确捕捉到沟通对象的思想感情，然后用最精练的语言让对方茅塞顿开。这显然才是高效对话的体现。

所以说，无论你是什么样的性格，只要注意避免沟通误区，就能让交谈变得更为顺畅，让双方能做到各抒己见、各明心迹、相互理解。

日常沟通原本是一件美好的事情，只是由于对话效率过低才让我们对此退避三舍，宁可憋着满肚子的话也不愿陷入"鸡同鸭讲"的困扰。在社交媒体高度发达的今天，沟通途径不再局限于面对面的谈话。本书谈及的各种沟通技巧同样不只适用于面谈，也能帮助我们在其他社交平台上更高效地与亲朋好友、领导同事进行交流。

最后，愿大家都能用高效对话来创造五彩缤纷的美好生活，不再为在好友名单里找不到聊天对象而愁眉苦脸！